Cybersicherheit für Unternehmen für Unternehmer und Freiberufler

Wie Sie Kundendaten, E-Mails, Zahlungen und Ihr Online-Geschäft vor Cyberbedrohungen schützen können

Von Joe Correa

Veröffentlicht von Live Stronger Faster

Erste Ausgabe

Inhaltsverzeichnis

Einführung

Ein eigenes Unternehmen zu führen gehört zu den stärksten und befreiendsten Entscheidungen, die Sie treffen können. Ganz gleich, ob Sie freiberuflicher Designer, virtueller Assistent, Digital Marketer oder E-Commerce-Unternehmer sind – wahrscheinlich genießen Sie bereits die Freiheit, nach Ihren eigenen Regeln zu arbeiten. Doch während die moderne Geschäftswelt immer digitaler wird, bringt diese Freiheit auch ein neues und sehr reales Risiko mit sich: Cyberbedrohungen. Mit jeder neuen Möglichkeit zur Flexibilität und Unabhängigkeit entsteht gleichzeitig eine potenzielle Schwachstelle – von Hackern, die Ihre E-Mails angreifen, bis hin zu Schadsoftware, die Ihre Website infiziert.

Die Wahrheit ist, dass Unternehmer und Freelancer zu den häufigsten Zielen von Cyberangriffen gehören – nicht weil sie unvorsichtig sind, sondern weil sie beschäftigt sind. Sie übernehmen in Ihrem Unternehmen viele Rollen gleichzeitig: Marketing, Kundenbetreuung, Abläufe, Finanzen und vieles mehr. Dadurch wird Cybersicherheit oft ans Ende der Aufgabenliste verschoben oder sogar komplett ignoriert. Dabei kann bereits ein einziger Phishing-Angriff, ein gestohlenes Passwort oder eine unsichere Website Ihre Einnahmequelle über Nacht zerstören. Cybersicherheit ist nicht nur etwas, worüber sich „Technikexperten" Gedanken machen müssen – sie ist eine essenzielle Überlebensfähigkeit für jeden, der online Geld verdient.

Vielleicht glauben Sie, Ihr Unternehmen sei zu klein, um ins Visier genommen zu werden, aber genau darauf verlassen sich Cyberkriminelle. Während große Unternehmen über IT-Abteilungen und starke Sicherheitsinfrastrukturen verfügen, fehlt Solounternehmern oft die Zeit oder das Geld für komplexe Sicherheitssysteme. Hacker wissen das – und sie haben einfache, aber raffinierte Methoden entwickelt, um kleine Unternehmen auszunutzen. Es ist häufig leichter, Kreditkartendaten aus einem ungeschützten Online-Shop eines Freelancers zu stehlen, als die Server eines Großunternehmens zu hacken. Nicht die Größe Ihres Unternehmens bestimmt Ihr Risiko, sondern Ihr Bewusstsein für Cybersicherheit.

Die gute Nachricht ist, dass Sie kein Cybersicherheitsexperte werden müssen, um Ihr Unternehmen zu schützen. Sie müssen lediglich einige einfache, praktische Strategien erlernen und intelligente Gewohnheiten entwickeln. Genau dabei soll dieses Buch helfen. Wir haben einen klaren Schritt-für-Schritt-Leitfaden erstellt, der speziell für Unternehmer, Freelancer, Soloselbstständige,

Nebenverdienstler und Kreative entwickelt wurde, die ihr Unternehmen und ihre Kundendaten schützen möchten – ohne komplizierten Fachjargon oder teure Werkzeuge. Sie werden lernen, wie Sie Ihre E-Mails absichern, Ihre Website schützen, Betrugsversuche vermeiden, Kundendateien sicher speichern und intelligentere Entscheidungen über die Tools treffen, die Sie täglich nutzen.

In diesem Buch beginnen wir damit, Ihnen zu erklären, warum Cyberangriffe überhaupt stattfinden und worauf Hacker bei kleinen Unternehmen tatsächlich abzielen. Anschließend zeigen wir Ihnen Schritt für Schritt, wie Sie eine einfache, aber starke digitale Grundlage aufbauen – einschließlich Geräteschutz, Passwort-Manager und Zwei-Faktor-Authentifizierung. Danach lernen Sie, wie Sie Ihre E-Mails und Kommunikation privat halten, häufige Bedrohungen im E-Commerce vermeiden und sensible Kundendaten schützen können, wenn Sie remote arbeiten oder mit anderen zusammenarbeiten. Außerdem zeigen wir Ihnen, wie Sie Warnsignale erkennen, Backup-Systeme erstellen und schnell reagieren können, falls Ihr Unternehmen jemals gehackt wird.

Dieses Buch soll nicht nur dabei helfen, Katastrophen zu vermeiden – es soll Ihnen Sicherheit und Selbstvertrauen geben. Wenn Sie Ihr Unternehmen absichern, gewinnen Sie innere Ruhe. Sie wissen, dass die Daten Ihrer Kunden geschützt sind. Sie wissen, dass ein einzelner Cybervorfall nicht alles zerstören wird, was Sie aufgebaut haben. Und noch wichtiger: Sie können Ihre Sicherheitsmaßnahmen als professionellen Vorteil präsentieren. Kunden vertrauen Dienstleistern, die verantwortungsvoll mit ihren Daten umgehen. Tatsächlich verlangen viele Unternehmen inzwischen von Freelancern und Auftragnehmern grundlegende Sicherheitsstandards, bevor sie zusammenarbeiten. Dieses Buch wird Ihnen helfen, diese Erwartungen zu erfüllen – und sogar zu übertreffen.

Als Freelancer oder Unternehmer ist Ihr Ruf alles. Ein Datenleck bei Kundeninformationen – selbst unbeabsichtigt – kann Ihrer Marke schaden und Sie Tausende von Dollar an verlorenen Aufträgen und Vertrauen kosten. Doch die meisten Sicherheitsverletzungen entstehen nicht durch hochkomplexe Angriffe. Sie entstehen durch einfache Fehler: das Anklicken eines schädlichen Links, die Wiederverwendung desselben Passworts auf mehreren Websites oder das Ignorieren wichtiger Sicherheitsupdates. Wenn Sie sich dieser Schwachstellen bewusster werden und einfache Schutzmaßnahmen einführen, können Sie Ihr Risiko erheblich reduzieren.

Jedes Kapitel dieses Buches ist praxisorientiert aufgebaut. Sie erhalten nicht nur Informationen, sondern konkrete Schritte und Checklisten, die Sie sofort umsetzen können. Sie müssen Ihr Unternehmen dafür nicht pausieren oder einen Experten engagieren. In den meisten Fällen können Sie bessere Sicherheitsmaßnahmen innerhalb von weniger als 30 Minuten umsetzen. Zusätzlich finden Sie Empfehlungen für kostenlose oder kostengünstige Tools, die Ihre Arbeitsabläufe vereinfachen und gleichzeitig für mehr Schutz sorgen.

Dies ist kein technisches Handbuch. Es ist ein praxisnaher Überlebensleitfaden für Unternehmer, die ein erfolgreiches und sicheres Online-Geschäft aufbauen möchten. Ganz gleich, ob Sie gerade erst anfangen oder bereits seit Jahren selbstständig arbeiten – jetzt ist der richtige Zeitpunkt, Ihr Unternehmen zu schützen. Die digitale Welt entwickelt sich rasant weiter, aber mit der richtigen Einstellung und den richtigen Methoden können Sie immer einen Schritt voraus bleiben.

Wenn Sie also bereit sind, Ihr Unternehmen nicht länger ungeschützt zu lassen und stattdessen das zu sichern, was Sie sich so hart aufgebaut haben, dann lassen Sie uns beginnen. Cybersicherheit bedeutet nicht nur, Bedrohungen zu vermeiden – sie bedeutet, ein sichereres und widerstandsfähigeres Fundament für Ihre Freiheit und Ihren Erfolg aufzubauen.

Kapitel 1: Warum Cybersicherheit für Unternehmer wichtig ist

Als Unternehmer oder Freelancer hängt Ihr Lebensunterhalt oft von einem Laptop, einem Smartphone und einer zuverlässigen Internetverbindung ab. Diese Werkzeuge bieten Ihnen Flexibilität, Reichweite und Skalierbarkeit – aber sie machen Sie auch zu einem Ziel. Zu verstehen, warum Cybersicherheit wichtig ist, ist der erste Schritt zum Aufbau einer starken digitalen Verteidigung. Dieses Kapitel erklärt die wichtigsten Gründe, warum Cyberkriminelle gezielt kleine Unternehmen angreifen, welche Folgen mangelnde digitale Sicherheit haben kann und welches grundlegende Denken notwendig ist, um Ihre Arbeit, Ihr Einkommen und Ihre Kunden zu schützen.

Lassen Sie uns zuerst mit einem Mythos aufräumen: Cyberangriffe richten sich nicht nur gegen große Unternehmen. Tatsächlich machen kleine Unternehmen einen Großteil der erfolgreichen Ziele von Cyberkriminalität aus. Warum? Weil sie als leichte Beute angesehen werden. Große Unternehmen investieren enorme Summen in Sicherheitsinfrastrukturen. Sie verfügen über ganze Abteilungen, die Bedrohungen überwachen, Firewalls einrichten und Schwachstellen analysieren. Kleine

Unternehmer hingegen arbeiten oft allein oder mit einem kleinen Team – und gehen davon aus, dass sie zu unbedeutend sind, um angegriffen zu werden. Genau auf diese Denkweise verlassen sich Cyberkriminelle.

Die meisten Solounternehmer erkennen nicht einmal, wie viele sensible Daten sie täglich verwalten. Ob Sie Kundenverträge speichern, E-Mail-Adressen für einen Newsletter sammeln, Zahlungen verarbeiten oder Plattformen wie Stripe, PayPal, Notion, Canva oder Google Drive nutzen – Sie arbeiten ständig mit privaten Informationen. Wenn auch nur eine dieser Plattformen kompromittiert wird, kann der Dominoeffekt Ihrem Unternehmen, Ihren Kundenbeziehungen und Ihrem Ruf erheblich schaden.

Betrachten wir die tatsächlichen Kosten eines Cyberangriffs auf ein kleines Unternehmen. Es geht nicht nur darum, Dateien oder etwas Geld zu verlieren. Ein einziger Phishing-Betrug kann Sie aus Ihrem E-Mail-Konto aussperren. Eine Malware-Infektion könnte Ihren Online-Shop lahmlegen. Ein Ransomware-Angriff könnte alle Ihre Dateien verschlüsseln – einschließlich Kundenprojekte – bis Sie ein Lösegeld zahlen, oft in nicht nachverfolgbarer Kryptowährung. Neben den technischen Schäden gibt es jedoch etwas, das noch schwerer wiederherzustellen ist:

verlorenes Vertrauen. Wenn Ihre Kunden erfahren, dass ihre Daten unsachgemäß behandelt oder geleakt wurden, kommen sie möglicherweise nie wieder zurück, und negative Bewertungen oder rechtliche Konsequenzen können folgen.

Das ist besonders gefährlich für Freelancer, die auf Plattformen wie Upwork, Fiverr oder direkte Empfehlungen angewiesen sind. Ihr Ruf ist Ihre Marke. Ein einziger Vorfall kann Ihre Bewertungen beeinflussen, zur Sperrung Ihres Kontos führen oder Sie dazu zwingen, auf neuen Plattformen komplett neu anzufangen. Für Unternehmer, die Coaching-Unternehmen, Mitgliederseiten oder digitale Produktshops betreiben, kann eine gehackte Website nicht nur den Verkauf stoppen, sondern auch die privaten Daten Tausender Nutzer gefährden. Das sind keine seltenen Einzelfälle – sie passieren täglich, und die meisten Betroffenen hätten nie gedacht, dass es ihnen passieren könnte.

Was genau wollen Hacker eigentlich? Es geht nicht immer darum, Millionen zu stehlen. Oft geht es darum, Daten zu sammeln: Namen, E-Mail-Adressen, Passwörter, Zahlungsinformationen und Zugangsdaten. Selbst einfache Kundendaten – wie Wohnadressen, unterschriebene Verträge oder persönliche Vorlieben – können im Darknet wertvoll sein. Hacker verkaufen diese Daten, nutzen sie für

Identitätsdiebstahl oder verwenden sie, um in größere Systeme einzudringen. Außerdem setzen sie automatisierte Tools ein, um das Internet nach verwundbaren Websites, ungesicherten Datenbanken oder veralteter Software zu durchsuchen.

Unternehmer sind auch häufig Ziel von Identitätsbetrug. Ein Hacker könnte Ihr E-Mail- oder Social-Media-Konto übernehmen und sich als Sie ausgeben – indem er gefälschte Rechnungen verschickt, Kunden manipuliert oder sensible Zugänge anfordert. Das Ergebnis? Verwirrte Kunden, gekündigte Verträge und möglicherweise irreparable Schäden an Ihren Geschäftsbeziehungen. Wenn Ihre Marke auf Vertrauen, Transparenz und persönlicher Kommunikation basiert, kann ein solcher Angriff verheerend sein.

Deshalb ist Cybersicherheit heute keine Option mehr – sie ist ein zentraler Bestandteil eines Online-Geschäfts. Genauso wie Sie kein Ladengeschäft ohne Schlösser oder Sicherheitskameras betreiben würden, sollten Sie auch kein Online-Unternehmen ohne grundlegenden digitalen Schutz führen. Die gute Nachricht ist, dass Sie keinen Abschluss in Cybersicherheit brauchen, um sicher zu sein. Sie benötigen lediglich Bewusstsein, konsequente Gewohnheiten und die

Bereitschaft, Sicherheit genauso ernst zu nehmen wie Ihr Produkt oder Ihre Dienstleistung.

In diesem Buch lernen Sie, wie Sie Ihre Geräte schützen, Ihre E-Mails und Passwörter absichern, Vertrauen bei Kunden aufbauen, indem Sie deren Daten schützen, und Notfallpläne entwickeln, falls etwas schiefgeht. Vor allem aber entwickeln Sie eine neue Denkweise: eine, bei der Cybersicherheit zur Gewohnheit und nicht zur lästigen Pflicht wird. Genau wie Zähneputzen oder das Prüfen Ihres Bankkontos sollte digitaler Schutz Teil Ihrer täglichen Geschäftsroutine werden.

Zusammenfassend sind dies die fünf wichtigsten Erkenntnisse dieses Kapitels:

Sie sind ein Ziel. Freelancer und Solounternehmer sind attraktive Ziele für Hacker, weil sie leicht auszunutzen sind.

Sie verwalten sensible Daten. Ob Ihnen das bewusst ist oder nicht – Sie tragen Verantwortung für Kunden- und Unternehmensdaten, die geschützt werden müssen.

Die Kosten von Untätigkeit sind hoch. Eine einzige Sicherheitsverletzung kann Ihr Einkommen, Ihren Ruf und das Vertrauen Ihrer Kunden beschädigen.

Hacker arbeiten automatisiert. Sie suchen ständig nach Schwachstellen – daher ist es gefährlich zu glauben, online unsichtbar zu sein.

Cybersicherheit ist eine Gewohnheit. Mit der richtigen Einstellung und den richtigen Systemen können Sie starken Schutz aufbauen, ohne sich von Technik überfordert zu fühlen.

In den nächsten Kapiteln werden wir alles Schritt für Schritt erklären und Ihnen genau zeigen, wie Sie jeden Bereich Ihres Unternehmens absichern können. Aber denken Sie daran: Alles beginnt hier – mit der Entscheidung, digitale Sicherheit ernst zu nehmen. Sie haben hart gearbeitet, um Ihr Unternehmen aufzubauen. Sorgen wir dafür, dass es auf einem sicheren Fundament steht.

Samantha, die Freelancerin.

Als Samantha ihr Freelance-Copywriting-Business startete, brauchte sie nur einen Laptop und WLAN. Kunden fanden sie über Empfehlungen, und schon bald hatte sie regelmäßige Aufträge von Start-ups, Online-Coaches und Marketingagenturen. Ihr Setup war schlank und effizient – genau so, wie sie es mochte. Sie nutzte eine einfache Website, ein Gmail-Konto und PayPal für Zahlungen. Cybersicherheit? Das war für sie etwas, worüber sich große Unternehmen

Gedanken machten. Sie verschwendete keinen zweiten Gedanken daran.

Bis zu dem Morgen, an dem sie plötzlich keinen Zugriff mehr auf ihre E-Mails hatte.

Sie wachte mit panischen Nachrichten auf WhatsApp und Instagram auf: „Hey, wolltest du diese Rechnung wirklich schicken?" „Warum verlangst du plötzlich Krypto-Zahlungen?" „Geht es dir gut?" Ihr Postfach war gehackt worden. Der Angreifer hatte sich als sie ausgegeben, ihren Kunden E-Mails geschickt und neue Bankdaten für Überweisungen angegeben. Zwei Kunden hatten bereits Geld überwiesen – direkt an den Hacker. Ein anderer hatte vertrauliche Kampagneninhalte geschickt, die nun offengelegt waren. Samantha war geschockt. Sie hatte auf keine verdächtigen Links geklickt. Sie hatte nichts Ungewöhnliches bemerkt. Doch irgendwo war ein Passwort kompromittiert worden, und eine einzige Sicherheitslücke reichte aus, um alles ins Wanken zu bringen.

Innerhalb weniger Stunden war das Vertrauen ihrer Kunden beschädigt. Ein Kunde kündigte sofort. Ein anderer verlangte, dass sie für die gestohlenen Gelder aufkomme. Ihr Upwork-Konto wurde wegen verdächtiger Aktivitäten markiert, und ihr Haupt-Google-Konto – verbunden mit Dokumenten, Kalendern und allem anderen – wurde zur

Überprüfung gesperrt. Sie hatte das Gefühl, als würde ihr Unternehmen ihr entgleiten.

Es dauerte Wochen, das Chaos zu beseitigen. Sie engagierte einen Technikexperten, der ihr half, ihre Konten zurückzusetzen, neue Sicherheitsmaßnahmen einzurichten und jeden Kunden persönlich zu kontaktieren, um die Situation zu erklären und sich zu entschuldigen. Die meisten reagierten verständnisvoll, doch die Erfahrung hinterließ Spuren – sowohl in ihrem Unternehmen als auch in ihrem Selbstvertrauen. „Ich dachte, ich wäre zu klein, um angegriffen zu werden", sagte sie sich immer wieder. „Warum sollte mich jemand hacken?"

Samanthas Geschichte ist nicht einzigartig. Überall auf der Welt erleben Freelancer und kleine Unternehmer Cyberangriffe, die sie finanziell und emotional erschöpfen. Und oft beginnt alles mit dem Glauben, dass Cybersicherheit das Problem von jemand anderem sei.

Doch die Wahrheit ist: Kleine Unternehmen sind am verwundbarsten, weil sie am schlechtesten geschützt sind. Samantha hatte niemals Zwei-Faktor-Authentifizierung aktiviert. Sie verwendete dieselben Passwörter auf mehreren Plattformen. Sie sicherte ihre Kundendateien nicht und dachte nie darüber nach, einen Passwort-Manager zu verwenden.

Keine dieser Maßnahmen wäre schwer umzusetzen gewesen – aber sie kamen ihr erst in den Sinn, als es bereits zu spät war.

Nach dem Vorfall baute Samantha ihr Unternehmen neu auf – diesmal mit Sicherheit als Kernbestandteil. Sie begann verschlüsselte E-Mail-Tools zu nutzen, installierte einen sicheren Passwort-Tresor und richtete Kundenordner mit eingeschränkten Zugriffsrechten ein. Außerdem informierte sie sich über Phishing-Betrug und häufige Angriffsarten. Nicht nur ihr Unternehmen wurde sicherer – auch ihre Kunden bemerkten die Veränderung. Einer sagte sogar: „Ich schätze es wirklich, wie ernst du den Schutz meiner Daten nimmst. Genau deshalb arbeite ich weiterhin mit dir zusammen."

Was einst eine Schwäche war, wurde zu einem Wettbewerbsvorteil.

Heute betreut Samantha neue Freelancer als Mentorin. Sie spricht in jedem Gespräch über Cybersicherheit. Ihr Motto lautet: „Dein Unternehmen ist nur so stark wie dein schwächstes Login." Sie weiß jetzt, dass Cybersicherheit nichts ist, worum man sich erst nach einer Krise kümmert – sondern etwas, das man nutzt, um Krisen überhaupt zu verhindern.

Wie Samantha fühlen auch Sie sich vielleicht zunächst überfordert. Vielleicht fragen Sie sich, wo Sie anfangen sollen.

Doch ihre Geschichte zeigt, dass kleine Schritte einen großen Unterschied machen können. Und sobald Cybersicherheit Teil Ihrer täglichen Geschäftsroutine wird, werden Sie Ihre digitalen Werkzeuge nie wieder auf dieselbe Weise betrachten.

Kapitel 2: Absicherung Ihrer Geräte und Konten

Ihr Unternehmen beginnt bei Ihnen – und das bedeutet, dass die erste Schutzschicht bei den Geräten und Konten beginnen muss, die Sie jeden Tag verwenden. Betrachten Sie Ihren Laptop, Ihr Smartphone, Ihr Tablet und sogar Ihre Smartwatch als digitale Schlüssel zu Ihrer gesamten Einkommensquelle. Wenn auch nur eines dieser Geräte kompromittiert wird, könnten Kundendaten, Bankkonten und wichtige Geschäftszugänge gefährdet sein. Deshalb ist die Absicherung Ihrer Geräte und Online-Konten das Fundament jeder Unternehmens-Cybersicherheit.

Beginnen wir mit Ihren Geräten, insbesondere Ihrem Computer. Egal, ob Sie Windows oder macOS verwenden – stellen Sie sicher, dass Ihr Betriebssystem immer auf dem neuesten Stand ist. Updates enthalten oft wichtige Sicherheits-Patches, die Schwachstellen schließen, welche Hacker ausnutzen. Schon eine Verzögerung von wenigen Tagen kann Ihr System angreifbar machen. Aktivieren Sie automatische Updates und starten Sie Ihr Gerät regelmäßig neu. Diese eine Gewohnheit allein schützt Sie bereits vor einem großen Teil bekannter Bedrohungen.

Installieren Sie als Nächstes Antivirus- und Anti-Malware-Software – und stellen Sie sicher, dass sie aktiv läuft. Viele Unternehmer verlassen sich ausschließlich auf den Standardschutz ihres Betriebssystems, wie beispielsweise Windows Defender. Doch zusätzliche vertrauenswürdige Programme wie Malwarebytes, Norton oder Bitdefender können Ihre Sicherheit erheblich verbessern. Diese Tools arbeiten unauffällig im Hintergrund, scannen nach verdächtigen Aktivitäten, blockieren schädliche Dateien und warnen Sie, wenn etwas nicht stimmt.

Verschlüsselung ist ein weiterer wichtiger Schutz, den viele Menschen übersehen. Wenn Ihr Laptop oder Smartphone verloren geht oder gestohlen wird, sorgt die Verschlüsselung dafür, dass die gespeicherten Daten ohne Passwort oder biometrische Anmeldung unlesbar bleiben. Auf Macs heißt diese Funktion FileVault, auf Windows-Systemen BitLocker. Die Aktivierung der vollständigen Festplattenverschlüsselung dauert nur wenige Minuten, bietet jedoch einen enormen Schutz. Verwenden Sie sichere Anmeldemethoden und lassen Sie Ihre Geräte niemals ungesperrt in öffentlichen oder gemeinsam genutzten Bereichen liegen.

Viele Freelancer und Unternehmer nutzen ihre Smartphones, um E-Mails zu verwalten, Zahlungs-Apps zu verwenden und

Zwei-Faktor-Authentifizierung zu empfangen. Das bedeutet, dass Ihr Telefon ein Zugangstor zu nahezu allem ist. Sichern Sie es mit einem komplexen Passcode, Fingerabdruck- oder Gesichtserkennung sowie Funktionen zum Fernlöschen, falls das Gerät gestohlen wird. Nutzen Sie Apples „Wo ist?" oder Googles „Mein Gerät finden", um Ihr Smartphone zu orten, zu sperren oder zu löschen, falls es in die falschen Hände gerät.

Sobald Ihre Hardware geschützt ist, sollten Sie Ihre Konten absichern – angefangen bei Ihren Passwörtern. Eine der einfachsten Möglichkeiten, gehackt zu werden, ist die Wiederverwendung schwacher Passwörter auf mehreren Websites. Wenn Hacker eines Ihrer Passwörter erhalten, beispielsweise aus einer geleakten Datenbank, versuchen sie dieses Passwort automatisch bei all Ihren anderen Konten. Diese Methode wird „Credential Stuffing" genannt und funktioniert erschreckend oft.

Um dies zu verhindern, verwenden Sie einen Passwort-Manager wie 1Password, Bitwarden oder LastPass. Diese Programme erstellen und speichern lange, zufällige und einzigartige Passwörter für jedes Ihrer Konten. Sie müssen sich nur ein einziges Master-Passwort merken – die App übernimmt den Rest. Viele dieser Tools bieten Browser-Erweiterungen und mobile Apps für zusätzlichen

Komfort. Ein Passwort-Manager verbessert nicht nur Ihre Sicherheit, sondern macht Ihr Leben auch einfacher. Keine vergessenen Passwörter mehr, keine ständigen Passwort-Zurücksetzungen und keine unsicheren Notizen auf Ihrem Handy.

Zusätzlich zu starken Passwörtern sollten Sie überall dort, wo es möglich ist, die Zwei-Faktor-Authentifizierung aktivieren. Dies gehört zu den effektivsten Methoden, um unbefugten Zugriff zu verhindern – selbst wenn jemand Ihr Passwort kennt. Mit aktivierter 2FA ist ein zusätzlicher Schritt erforderlich, etwa ein Code aus einer App wie Authy oder Google Authenticator oder eine Push-Benachrichtigung. Vermeiden Sie nach Möglichkeit SMS-Codes, da diese durch sogenannte SIM-Swapping-Angriffe abgefangen werden können. Authenticator-Apps sind sicherer und genauso einfach zu verwenden.

Achten Sie auch auf Ihre aktiven Login-Sitzungen. Viele Menschen vergessen, sich von wichtigen Konten auf gemeinsam genutzten oder öffentlichen Geräten abzumelden. Wenn Sie in einem Coworking-Space arbeiten oder den Computer eines Freundes verwenden, melden Sie sich immer von allen Plattformen ab. Überprüfen Sie außerdem regelmäßig Ihre aktiven Sitzungen und beenden Sie unbekannte oder veraltete Verbindungen. Dienste wie Google, Dropbox und Facebook ermöglichen es Ihnen, alle Geräte anzuzeigen, auf denen Sie aktuell angemeldet sind.

Vergessen Sie auch nicht die Sicherheit Ihres Browsers. Ihr Browser besitzt enorme Macht: gespeicherte Logins, Kreditkartendaten und Ihren Browserverlauf. Nutzen Sie Browser-Erweiterungen wie HTTPS Everywhere, Privacy Badger oder uBlock Origin, um Tracker zu blockieren und sichere Verbindungen zu erzwingen. Deaktivieren Sie die automatische Ausfüllfunktion für sensible Daten wie Kreditkarteninformationen und löschen Sie regelmäßig Cookies und Cache-Dateien. Wenn Sie zusätzlichen Datenschutz wünschen, können Sie Browser wie Brave oder Firefox verwenden, die auf Privatsphäre ausgelegt sind.

Zum Schluss sollten Sie Ihre Geräte regelmäßig sichern. Ganz gleich, wie vorsichtig Sie sind – Viren, Festplattenfehler oder versehentlich gelöschte Dateien können jederzeit auftreten. Nutzen Sie sowohl Cloud-Backups wie iCloud, Google Drive oder Dropbox als auch lokale Backups auf externen Festplatten oder mit Time Machine. Stellen Sie sicher, dass Ihre Sicherungen verschlüsselt sind und regelmäßig getestet werden. Backups sind Ihre Versicherung für alles andere, was Sie im Bereich Cybersicherheit tun.

Zusammenfassend finden Sie hier Ihre Sicherheits-Checkliste für Geräte und Konten:

Halten Sie Ihre Betriebssysteme aktuell und aktivieren Sie automatische Updates.

Installieren Sie Antivirus- und Anti-Malware-Software und führen Sie regelmäßige Scans durch.

Aktivieren Sie die vollständige Festplattenverschlüsselung auf allen Computern und Smartphones.

Sichern Sie mobile Geräte mit biometrischen Daten, starken Passcodes und Fernlöschfunktionen.

Verwenden Sie einen Passwort-Manager, um starke und einzigartige Passwörter zu erstellen und zu speichern.

Aktivieren Sie Zwei-Faktor-Authentifizierung für alle wichtigen Konten und vermeiden Sie SMS-Codes, wenn möglich.

Melden Sie sich auf gemeinsam genutzten oder öffentlichen Geräten immer ab und überwachen Sie Ihre Login-Sitzungen.

Sichern Sie Ihren Browser mit Erweiterungen und Datenschutz-Tools.

Erstellen Sie Backups Ihrer Daten sowohl in der Cloud als auch auf physischen Geräten – inklusive Verschlüsselung.

Denken Sie daran: Ihre Geräte und Konten sind die Eingangstüren zu Ihrem Unternehmen. Sie ungeschützt zu lassen, ist so, als würden Sie Ihr Haus in einer gefährlichen Gegend unverschlossen lassen. Die Zeit, die Sie heute in den Schutz Ihrer digitalen Werkzeuge investieren, kann Sie später vor teuren Katastrophen bewahren.

Carlos' Geschichte

Carlos hatte gerade die Gestaltung einer neuen Kundenwebsite abgeschlossen – eine moderne Landingpage für einen Produktlaunch, der am nächsten Morgen online gehen sollte. Bis spät in die Nacht arbeitete er an Farben und Überschriften, bis alles perfekt war. Stolz und erschöpft klappte er seinen Laptop zu und ging schlafen. Doch am nächsten Morgen fühlte sich etwas falsch an.

Er versuchte, sich in sein E-Mail-Konto einzuloggen, um den finalen Link zu versenden, doch sein Passwort funktionierte nicht. Er versuchte es erneut. Wieder nichts. Dann bemerkte er etwas noch Schlimmeres: Mehrere seiner Social-Media-Konten waren ebenfalls gesperrt. In Panik griff er zu seinem Smartphone, nur um festzustellen, dass sein

Instagram-Profil plötzlich Werbung für einen Kryptowährungsbetrug veröffentlicht hatte. Ihm wurde schlecht.

Carlos war gehackt worden.

Alles begann mit einem wiederverwendeten Passwort.

Einige Wochen zuvor war eine Plattform, die er abonnierte, Opfer eines Datenlecks geworden. Seine E-Mail-Adresse und sein Passwort waren im Darknet veröffentlicht worden. Von dort aus testeten automatisierte Bots diese Zugangsdaten auf allen möglichen Plattformen – Google, Facebook, Instagram, PayPal und sogar bei seinem Domain-Registrar. Das Passwort funktionierte bei fünf Diensten. Innerhalb weniger Stunden hatten die Angreifer seine digitale Identität übernommen.

Carlos war nicht technisch ahnungslos. Er hielt sich eigentlich für ziemlich erfahren. Er verwendete Antivirus-Software auf seinem Laptop und speicherte seine Dateien in Google Drive. Doch wie viele Freelancer unterschätzte er, wie verwundbar er wirklich war. Er nutzte dasselbe Passwort für mehrere Dienste. Er hatte niemals Zwei-Faktor-Authentifizierung aktiviert. Sein Laptop war nicht verschlüsselt. Und sein Smartphone hatte nicht einmal einen Sperrbildschirm-Code – Face ID erschien ihm zu umständlich.

Während er versuchte, den Schaden zu beheben, traf ihn die Realität hart. Die Hacker hatten nicht nur Zugriff auf seine Kundendateien und Verträge erhalten, sondern auch Phishing-E-Mails in seinem Namen verschickt. Ein Kunde überwies 1.200 Dollar auf ein betrügerisches Konto. Eine andere Kundin war wütend, weil ihr unveröffentlichtes Projekt kompromittiert worden war. Sogar seine Domain wurde kurzzeitig auf eine Erotikseite umgeleitet. Carlos fühlte sich bloßgestellt und gedemütigt.

In dieser Woche konnte Carlos nicht arbeiten. Stattdessen verbrachte er seine Zeit mit Kundensupport, Berichten und dem Versuch, seinen Kunden – und sich selbst – zu beweisen, dass man ihm noch vertrauen konnte. Ein Kunde kündigte den Vertrag. Ein anderer meinte, man werde vielleicht in einigen Monaten zurückkommen. „Wir können dieses Risiko im Moment einfach nicht eingehen", sagten sie.

Es war nicht nur ein Hack – es war eine Unternehmenskrise.

Nachdem sich die Situation beruhigt hatte, traf Carlos eine Entscheidung: Das würde nie wieder passieren. Er begann, sich intensiv mit Cybersicherheit für Unternehmer zu beschäftigen, und erkannte schnell, wie einfach viele Lösungen eigentlich gewesen wären – wenn er früher davon gewusst hätte.

Er begann mit seinen Passwörtern. Er meldete sich bei einem Passwort-Manager an, löschte alle alten wiederverwendeten Logins und erstellte starke, einzigartige Passwörter für jedes Konto. Außerdem aktivierte er Zwei-Faktor-Authentifizierung für alles – von E-Mails bis zu Zahlungs-Apps – und verwendete App-basierte Codes statt SMS-Nachrichten, die abgefangen werden könnten.

Danach sicherte er seine Geräte. Er aktivierte die vollständige Festplattenverschlüsselung auf Laptop und Smartphone, installierte vertrauenswürdige Antivirus-Software, aktivierte automatische Updates und ignorierte keine Sicherheits-Patches mehr. Er löschte sogar alte Apps, die er nicht mehr verwendete und die Sicherheitsrisiken darstellten.

Auch seine Browser-Gewohnheiten änderte er. Er begann, einen datenschutzorientierten Browser zu verwenden und installierte Erweiterungen zum Blockieren von Trackern und schädlichen Skripten. Er deaktivierte die automatische Speicherung von Kreditkartendaten, löschte regelmäßig seinen Verlauf und entfernte Dutzende unsicher gespeicherter Logins aus seinem Browser. Selbst seine Nutzung öffentlicher WLAN-Netzwerke änderte sich – keine wichtigen Logins mehr in Cafés ohne VPN.

Die wichtigste Veränderung war jedoch seine Denkweise. Carlos verstand, dass Cybersicherheit nicht nur aus Werkzeugen besteht – sondern aus einer Einstellung. Er begann wöchentlich seine Login-Historie zu überprüfen, unbekannte Geräte zu entfernen und seine wichtigsten Dateien sowohl in der Cloud als auch auf verschlüsselten externen Laufwerken zu sichern. Er behandelte seine digitalen Werkzeuge nicht länger als einfache Hilfsmittel, sondern als geschäftskritische Vermögenswerte, die geschützt werden müssen.

Einen Monat später gewann Carlos einen neuen Kunden – ein schnell wachsendes Technologie-Startup. Während des Onboarding-Gesprächs stellten sie ihm eine Frage, die ihn früher nervös gemacht hätte: „Wie schützen Sie Kundendaten?"

Dieses Mal lächelte Carlos. „Ich verwende verschlüsselte Backups, einzigartige Passwörter mit Zwei-Faktor-Authentifizierung und verschlüsselten Cloud-Speicher. Ihre Daten werden mit derselben Sorgfalt behandelt wie die meines eigenen Unternehmens."

Sie waren beeindruckt.

Carlos hatte nicht nur seine Systeme wieder aufgebaut – sondern auch seine Glaubwürdigkeit. Von diesem Zeitpunkt an wurde Cybersicherheit Teil seiner persönlichen Marke. Er entwickelte sogar eine Sicherheits-Checkliste, die er neuen Kunden zuschickte, damit diese ihre eigene Sicherheit verbessern konnten. Was einst ein Albtraum gewesen war, wurde zu einem Wettbewerbsvorteil.

Seine Geschichte erinnert daran, dass die meisten Unternehmer nicht durch hochentwickelte Hacker mit riesigen Budgets scheitern. Sie scheitern an kleinen Fehlern – wiederverwendeten Passwörtern, ignorierten Updates oder fehlender Zwei-Faktor-Authentifizierung. Doch jeder Fehler ist eine Chance zu lernen. Und jeder Tag ist eine neue Gelegenheit, es besser zu machen.

Carlos lernte, dass die Werkzeuge zum Schutz eines digitalen Unternehmens jedem zur Verfügung stehen. Man muss kein Technikexperte sein. Man muss sein Unternehmen nur wichtig genug nehmen, um es zu schützen. Denn das ist es. Und Sie auch.

Kapitel 3: Schutz von Kundendaten und sensiblen Informationen

Als Freelancer oder Unternehmer sind Sie der Hüter der Informationen, die Ihre Kunden Ihnen anvertrauen. Ganz gleich, ob Sie als Designer Markenmaterialien verwalten, als Coach persönliche Ziele sammeln oder als Berater Finanzunterlagen organisieren – Ihr Unternehmen arbeitet täglich mit sensiblen Daten. Viele Fachleute unterschätzen, wie viele wertvolle Informationen sie tatsächlich erfassen und speichern. Doch der Schutz von Kundendaten ist nicht nur eine Frage der Ethik oder eines guten Services – er ist eine geschäftskritische Verantwortung. Wird sie ignoriert, kann dies rechtliche Probleme, Einkommensverluste oder dauerhafte Schäden für Ihren Ruf verursachen.

Beginnen wir damit zu verstehen, was überhaupt als sensible Daten gilt. Dazu gehören Namen, Telefonnummern, Wohnadressen, Passwörter, Zahlungsinformationen, unterschriebene Verträge, persönliche Projektdateien, Kundennotizen, Markenstrategie-Dokumente und sogar scheinbar harmlose Direktnachrichten oder E-Mails, die private Geschäftsabsichten offenlegen. Alles, was ein Kunde nicht öffentlich geteilt oder gestohlen sehen möchte, fällt in diese Kategorie. Wenn Sie diese Daten sammeln, speichern oder übertragen – digital oder physisch – tragen Sie die Verantwortung für ihren Schutz.

Die erste Regel beim Schutz von Kundendaten lautet Datenminimierung. Je weniger Daten Sie sammeln und speichern, desto weniger können verloren gehen, falls etwas schiefgeht. Erfassen Sie nur die Informationen, die Sie wirklich benötigen. Wenn Sie beispielsweise das Geburtsdatum oder die Wohnadresse eines Kunden nicht benötigen, fragen Sie nicht danach. Wenn ein Projekt abgeschlossen ist, archivieren Sie nur die wichtigsten Unterlagen und löschen Sie den Rest sicher. Weniger gespeicherte Daten bedeuten ein deutlich geringeres Risiko.

Sobald Sie wissen, welche Daten Sie behalten müssen, sollten Sie sichere Speicherpraktiken einführen. Das beginnt mit der Auswahl der richtigen Cloud-Plattformen. Dienste wie Google Workspace, Dropbox Business, OneDrive oder iDrive können sicher sein, wenn sie korrekt genutzt werden. Verwenden Sie nach Möglichkeit die Business-Version dieser Plattformen und aktivieren Sie alle integrierten Sicherheitsfunktionen: passwortgeschützte Freigaben, Zwei-Faktor-Authentifizierung, Gerätekontrollen und Verschlüsselung.

Auch Dateiberechtigungen sind entscheidend. Vermeiden Sie Freigaben mit Einstellungen wie „Jeder mit dem Link“.

Gewähren Sie Zugriff stattdessen nur bestimmten E-Mail-Adressen und entziehen Sie diesen Zugriff sofort, wenn er nicht mehr benötigt wird. Überprüfen Sie regelmäßig, wer Zugriff auf welche Dateien hat. Das ist besonders wichtig, wenn Sie mit Teams oder Subunternehmern arbeiten. Ein vergessener Freigabelink oder eine lockere Zugriffspolitik kann schnell zu einer großen Sicherheitslücke werden.

Wenn Sie Kundendateien lokal auf Ihrem Computer oder einer Festplatte speichern, sollten diese verschlüsselt und gesichert sein. Nutzen Sie Tools wie VeraCrypt oder aktivieren Sie die vollständige Festplattenverschlüsselung Ihres Betriebssystems. Bewahren Sie externe Festplatten sicher und versteckt auf – nicht offen auf dem Schreibtisch oder in Gemeinschaftsbüros. Speichern Sie sensible Daten niemals auf ungesicherten USB-Sticks und vermeiden Sie den Transfer von Kundendateien über unsichere Bluetooth- oder öffentliche WLAN-Verbindungen.

Beim Versenden von Kundendokumenten oder beim Sammeln persönlicher Informationen sollten Sie nach Möglichkeit auf E-Mail-Anhänge verzichten. Verwenden Sie stattdessen sichere Dateifreigabedienste wie Google Drive mit Berechtigungen, WeTransfer Pro oder verschlüsselte Kommunikationsplattformen wie ProtonMail oder Signal.

Wenn E-Mail unvermeidbar ist, überprüfen Sie immer sorgfältig die Empfängeradresse und senden Sie niemals Passwörter oder persönliche Identifikationsdaten direkt im Nachrichtentext.

Der Schutz von Kundendaten umfasst auch sichere Formulare und Vertragstools. Plattformen wie JotForm, Paperform oder Typeform bieten HIPAA-konforme Optionen, SSL-Verschlüsselung und passwortgeschützte Übermittlungen. Für elektronische Unterschriften oder Verträge bieten Dienste wie DocuSign, PandaDoc oder HelloSign verschlüsselte Speicherung und Prüfprotokolle. Achten Sie immer darauf, dass Plattformen ihre Datenschutzstandards und Sicherheitszertifizierungen klar angeben.

Ein weiterer oft übersehener Bereich ist der Gerätezugriff. Wenn Sie anderen erlauben, Ihren Arbeitscomputer oder Ihr Tablet zu nutzen – auch nur für kurze Zeit – öffnen Sie ein Fenster zu Ihren Kundendaten. Stellen Sie sicher, dass alle Arbeitsgeräte mit biometrischen Sperren oder starken Passwörtern geschützt sind und lassen Sie sie niemals unbeaufsichtigt an öffentlichen Orten zurück. Wenn Sie mit Teammitgliedern oder Auftragnehmern zusammenarbeiten, stellen Sie sicher, dass diese grundlegende

Sicherheitsstandards einhalten und keine Kundendateien auf unsicheren privaten Geräten speichern.

Vergessen Sie auch nicht die Bedeutung von Dateinamen. Vermeiden Sie Kundennamen oder private Informationen in Dateibezeichnungen – besonders bei geteilten oder öffentlich zugänglichen Links. Statt „SmithFinancial_Zahlungsstrategie2025.pdf" verwenden Sie lieber neutrale Namen wie „Kunde01_Rechnungsplan_Q1.pdf". Diese einfache Gewohnheit reduziert die Offenlegung sensibler Informationen erheblich, selbst wenn Dateinamen versehentlich sichtbar werden.

Zum Schluss sollten Sie klare Richtlinien für die Aufbewahrung und Löschung von Daten festlegen. Wissen Sie genau, wie lange Sie Kundendaten speichern und wie Sie sie vernichten, wenn sie nicht mehr benötigt werden. Vernichten Sie physische Dokumente mit einem Aktenvernichter, falls Sie sie ausdrucken. Nutzen Sie sichere Löschprogramme wie Eraser für Windows oder FileShredder für Mac, um digitale Dateien vollständig zu entfernen. Lassen Sie keine alten, ungenutzten Dateien jahrelang ungeschützt in Ihrem Speicher liegen.

Hier ist Ihre Schnell-Checkliste zum Schutz von Kundendaten:

Sammeln Sie nur notwendige Daten. Speichern Sie nur Informationen, die für das Projekt wirklich erforderlich sind.

Verwenden Sie verschlüsselte Cloud-Speicher. Nutzen Sie Business-Tools mit vollständigen Zugriffskontrollen.

Beschränken Sie Dateiberechtigungen. Teilen Sie Dateien nur mit bestimmten Personen und entziehen Sie den Zugriff nach Projektende.

Verschlüsseln Sie lokale Dateien. Aktivieren Sie vollständige Festplattenverschlüsselung und sichern Sie externe Laufwerke.

Vermeiden Sie E-Mail-Anhänge. Nutzen Sie sichere Freigabedienste mit Ablaufdaten für Links.

Wählen Sie sichere Formular- und Vertragsplattformen. Achten Sie auf Verschlüsselung und Compliance-Standards.

Schützen Sie Ihre Geräte. Nutzen Sie starke Anmeldesysteme und vermeiden Sie das Teilen von Geräten.

Verwenden Sie neutrale Dateinamen. Halten Sie Kundendaten in Dateibezeichnungen privat.

Sichern Sie sensible Daten verschlüsselt. Testen Sie Ihre Backups regelmäßig.

Löschen Sie nicht mehr benötigte Daten. Führen Sie eine klare und regelmäßige Datenbereinigung durch.

Der Schutz von Kundendaten bedeutet nicht nur Risikominimierung – er bedeutet auch, Vertrauen aufzubauen und zu erhalten. Kunden wissen vielleicht nie genau, wie sicher Ihre Systeme sind, aber sie spüren den Unterschied, wenn Sie ihre Privatsphäre mit derselben Sorgfalt behandeln, die Sie sich selbst wünschen würden. In einer Welt voller Datenlecks ist der Profi, der Sicherheit ernst nimmt, klar im Vorteil.

Lenas Freelancer-Geschichte

Lena war eine erfolgreiche freiberufliche Markenstrategin, bekannt dafür, rohe Geschäftsideen in professionelle visuelle Markenidentitäten zu verwandeln. Im Laufe der Jahre arbeitete sie mit zahlreichen Kunden zusammen – von kleinen Kosmetikmarken bis hin zu Technologie-Start-ups – und baute sich einen starken Ruf durch Empfehlungen auf. Ihr Onboarding-Prozess war reibungslos. Kunden füllten einen kurzen Fragebogen aus, unterschrieben digitale Verträge und luden Unternehmensdokumente hoch – Finanzübersichten, Geschäftsziele, Investorendecks und alles, was Lena benötigte, um ihre Markenstrategie zu entwickeln.

Sie dachte nie zweimal darüber nach, all diese Daten auf ihrem Laptop zu speichern.

Eines Freitagnachmittags erhielt Lena eine panische E-Mail von einem früheren Kunden namens Alex, der gerade eine vertrauliche Präsentation vor Investoren gehalten hatte. Das Problem? Dieselbe Präsentation war plötzlich fast wortgleich auf der Website eines Konkurrenten erschienen. „Du warst die einzige Person außerhalb unseres Unternehmens mit Zugriff auf diese Datei", schrieb er. „Hast du sie jemandem weitergegeben?"

Lena wurde übel.

Sie wusste, dass sie die Datei nicht absichtlich geteilt hatte, doch der Vorwurf blieb im Raum stehen. Hastig überprüfte sie ihre Ordner. Die Datei war noch da, genau an derselben Stelle wie Monate zuvor. Sie durchsuchte ihre E-Mails und ihre Cloud-Speicher – keine offensichtlichen Hinweise. Dann kontrollierte sie ihre Google-Drive-Freigabeeinstellungen. Zu ihrem Entsetzen stellte sie fest, dass einer ihrer freigegebenen Ordner immer noch auf „Jeder mit dem Link kann anzeigen" eingestellt war. Sie hatte diese Einstellung Monate zuvor für eine kurzfristige Zusammenarbeit aktiviert – und vergessen, sie wieder zu deaktivieren.

Noch schlimmer war, dass der Link von einer öffentlichen Suchmaschine indexiert worden war. Das Investoren-Deck – zusammen mit zwei weiteren sensiblen Dateien anderer Kunden – war wochenlang öffentlich zugänglich gewesen. Jeder hätte die Dokumente herunterladen können. Niemand wusste, wer auf den Ordner zugegriffen oder wie weit sich die Dateien verbreitet hatten.

Die Konsequenzen kamen schnell. Alex beendete jede zukünftige Zusammenarbeit und verlangte von Lena, die Rechtskosten wegen „grober Fahrlässigkeit" zu übernehmen. Ein weiterer Kunde, dessen Markenstrategie ebenfalls offengelegt worden war, schickte eine formelle Warnung und drohte mit einer negativen Bewertung. Lena fühlte sich krank. Es ging nicht nur um einen Fehler – sondern um Vertrauen, das langsam zerstört worden war, ohne dass sie es bemerkt hatte.

Jahrelang hatte Lena sich als professionell, organisiert und zuverlässig betrachtet. Doch in Wahrheit war sie beim Thema Datensicherheit nachlässig gewesen. Sie hatte kein klares System zur Verwaltung sensibler Dokumente. Sie nutzte private Cloud-Konten statt Business-Lösungen. Sie verschlüsselte weder ihren Laptop noch verwendete sie passwortgeschützte Links. Und sie überprüfte nie die Zugriffsrechte nach Projektende.

Der Schaden war nicht nur reputationsbezogen. Sie verlor zwei aktive Kunden, und drei weitere stornierten zukünftige Beratungen. Der finanzielle Verlust war hart – doch die emotionale Belastung war noch schlimmer. Wochenlang hatte Lena das Gefühl, bei etwas Grundlegendem versagt zu haben.

Schließlich entschied sie sich, alles neu aufzubauen – nicht nur ihr Unternehmen, sondern auch ihre Systeme. Sie investierte in professionelle Tools für Verträge, Dateifreigaben und Speicherung. Sie wechselte zu verschlüsselten Cloud-Plattformen mit Prüfprotokollen. Sie installierte einen Passwort-Manager und aktivierte Zwei-Faktor-Authentifizierung auf allen Geräten und Konten. Sie löschte Dutzende alter Projektordner und entwickelte klare Richtlinien zur Datenaufbewahrung und -löschung. Jeder neue Kunde erhielt nun eine digitale Vertraulichkeitserklärung, die genau erklärte, wie Daten gespeichert, verarbeitet und gelöscht werden.

Lena änderte auch ihre Dateibenennung. Keine Kundennamen oder Markendetails mehr in Dateititeln. Statt „RileyCo_Rebranding_Strategie_Jan2025.pdf“ verwendete sie neutrale Formate wie „Kunde21_Phase1_Strategie.pdf“. Es war nur ein kleines Detail – aber eines, das eine zusätzliche Datenschutzschicht schuf.

Innerhalb weniger Monate fühlte Lena sich sicherer und organisierter als seit Jahren. Sie entwickelte einen individuellen Onboarding-Prozess mit sicheren Formularen, verschlüsselter Kommunikation und automatischem Ablauf von Zugriffsrechten. Kunden begannen zu kommentieren, wie „professionell und sicher" ihr Prozess wirkte. Einer sagte sogar: „Du bist die einzige Freelancerin, mit der ich je gearbeitet habe, die unsere Daten so ernst nimmt. Genau deshalb empfehle ich dich weiter."

Was einst ihre größte Schwäche war, wurde zu ihrem stärksten Vorteil.

Lenas Geschichte ist eine Lektion in Vorsicht und Wiedergutmachung. Datenschutz bedeutet nicht immer riesige Sicherheitsverletzungen oder bösartige Hacker. Manchmal geht es nur um kleine Nachlässigkeiten – einen nicht deaktivierten Link, eine falsch benannte Datei oder ein Dokument, das zu lange online blieb. Doch selbst ein kleiner Fehler kann große Folgen haben.

Heute zeigt Lena anderen Kreativen, wie sie grundlegende Cybersicherheit in ihre Freelance-Arbeitsabläufe integrieren können. Sie erinnert sie daran, dass Datenschutz mehr als eine technische Aufgabe ist – er schafft Beziehungen. „Vertrauen ist zerbrechlich“, sagt sie. „Und Privatsphäre ist der Weg, es zu schützen.“

Wenn Sie ein kundenorientiertes Unternehmen führen, ist Lenas Erfahrung eine starke Erinnerung daran: Privatsphäre ist kein Extra – sie ist ein Versprechen. Und ein Versprechen sollte jedes Mal eingehalten werden.

Kapitel 4: Schutz von geschäftlichen E-Mails und vor Phishing-Angriffen

E-Mail ist das zentrale Nervensystem Ihres Unternehmens. Über E-Mails kommunizieren Sie mit Kunden, empfangen Rechnungen, versenden Verträge, setzen Passwörter zurück und bestätigen Zahlungen. Genau deshalb gehört E-Mail auch zu den häufigsten und gefährlichsten Angriffszielen von Cyberkriminellen. Wenn ein Hacker Zugriff auf Ihre geschäftliche E-Mail erhält, kann er sich als Sie ausgeben, Konten übernehmen, sensible Informationen stehlen und Chaos verursachen, das nur schwer nachzuverfolgen und noch schwieriger zu beheben ist.

Für Freelancer und Unternehmer ist E-Mail-Sicherheit unverzichtbar. Es geht nicht nur darum, den Posteingang sauber zu halten – es geht darum, Ihre gesamte geschäftliche Identität zu schützen.

Beginnen wir mit der häufigsten und täuschendsten Bedrohung: Phishing. Dabei handelt es sich um gefälschte E-Mails, die aussehen, als kämen sie von vertrauenswürdigen Quellen wie Ihrer Bank, Google, PayPal oder sogar einem Kunden. Sie sollen Sie dazu bringen, auf schädliche Links zu klicken, gefährliche Dateien herunterzuladen oder Ihre

Zugangsdaten auf gefälschten Websites einzugeben. Phishing-E-Mails erzeugen oft ein Gefühl der Dringlichkeit: „Ihr Konto wurde gesperrt", „Eine Zahlung ist fehlgeschlagen" oder „Klicken Sie hier, um Ihre Anmeldung zu bestätigen". Sie nutzen Panik aus – und genau deshalb funktionieren sie so gut.

Um sich zu schützen, sollten Sie die Absenderadresse immer sorgfältig prüfen. Phishing-E-Mails verwenden häufig kleine Schreibfehler oder ähnlich aussehende Domains wie „gma1l.com" statt „gmail.com". Wenn Ihnen etwas seltsam vorkommt, ist es wahrscheinlich auch seltsam. Klicken Sie niemals auf Links oder laden Sie Anhänge aus unerwarteten oder verdächtigen E-Mails herunter. Wenn Sie unsicher sind, besuchen Sie die Website direkt über Ihren Browser, anstatt den Link in der E-Mail zu verwenden.

Trainieren Sie außerdem Ihren Blick für typische Warnsignale. Schlechte Grammatik, allgemeine Anreden wie „Sehr geehrter Benutzer", ungewöhnliche Formatierungen oder Drohungen mit sofortigen Konsequenzen sind typische Hinweise auf Phishing. Wenn Sie eine merkwürdige Nachricht von jemandem erhalten, den Sie kennen – besonders wenn sie einen unklaren Anhang oder Link enthält – kontaktieren Sie die Person über einen anderen Kommunikationsweg, um die

Echtheit zu bestätigen.

Sprechen wir nun über die Sicherheit Ihres eigentlichen E-Mail-Kontos. Wenn Sie für geschäftliche Zwecke ein kostenloses Gmail-, Outlook- oder Yahoo-Konto nutzen, sollten Sie ein Upgrade auf einen professionellen Anbieter wie Google Workspace, ProtonMail oder Zoho Mail in Betracht ziehen. Diese Dienste bieten zusätzliche Sicherheitsfunktionen, bessere Spam-Filter und erweiterte Datenschutzoptionen.

Unabhängig vom Anbieter sollten Sie unbedingt die Zwei-Faktor-Authentifizierung aktivieren. Dadurch wird eine zusätzliche Schutzschicht geschaffen, indem beim Login ein temporärer Code aus einer Authenticator-App benötigt wird. Selbst wenn Ihr Passwort gestohlen wird, bleibt Ihr Konto geschützt, solange der Angreifer keinen Zugriff auf Ihr Authentifizierungsgerät hat. Vermeiden Sie nach Möglichkeit SMS-basierte Codes, da Telefonnummern durch sogenannte SIM-Swapping-Angriffe übernommen werden können. Nutzen Sie stattdessen Apps wie Google Authenticator, Authy oder Microsoft Authenticator.

Die Passwortsicherheit Ihrer E-Mail ist besonders wichtig. Verwenden Sie Ihr E-Mail-Passwort niemals für andere Dienste – Ihre E-Mail ist der Hauptschlüssel zu allem. Wenn jemand Zugriff auf Ihren Posteingang erhält, kann er Passwort-Zurücksetzungen für zahlreiche andere Konten auslösen. Nutzen Sie ein langes, einzigartiges Passwort, das von einem Passwort-Manager generiert wurde, und teilen Sie es niemals mit anderen. Wenn Sie seit Jahren dasselbe Passwort verwenden oder es auf mehreren Plattformen nutzen, ändern Sie es sofort.

Sie sollten außerdem regelmäßig Ihren Posteingang und verbundene Apps überprüfen. Gehen Sie in die Einstellungen Ihres E-Mail-Kontos und kontrollieren Sie, welche Drittanbieter-Apps Zugriff haben. Viele Menschen erlauben Diensten wie Social-Media-Planern, CRM-Tools oder längst vergessenen Apps den Zugriff auf ihre E-Mails. Entfernen Sie alle Berechtigungen, die Sie nicht mehr benötigen. Solche Integrationen können ein Einfallstor für Angreifer sein, wenn sie nicht ordnungsgemäß gewartet oder abgesichert werden.

Vermeiden Sie es außerdem, Ihr privates E-Mail-Konto für geschäftliche Aktivitäten zu nutzen. Die Trennung von privaten und geschäftlichen E-Mails ist sowohl aus Sicherheits- als auch aus Professionalitätsgründen sinnvoll. Dadurch können Sie Risiken begrenzen, Daten besser organisieren und verdächtige Aktivitäten schneller erkennen.

Die Verschlüsselung Ihrer E-Mails ist eine weitere sinnvolle

Schutzmaßnahme. Standarddienste wie Gmail und Outlook verschlüsseln Daten zwar während der Übertragung, doch Dienste wie ProtonMail, Tutanota oder Mailvelope bieten echte Ende-zu-Ende-Verschlüsselung – besonders nützlich beim Versand sensibler Informationen. Sie können außerdem passwortgeschützte Anhänge oder sichere Datei-Links verwenden, wenn Sie wichtige Dokumente versenden.

Wenn Sie E-Mail-Kampagnen oder Automatisierungen mit Tools wie Mailchimp oder ConvertKit verwenden, sollten Sie immer verifizierte Absender-Domains sowie SPF- und DKIM-Einträge einrichten, um Domain-Spoofing zu verhindern. Diese Sicherheitsprotokolle stellen sicher, dass nur autorisierte Dienste E-Mails in Ihrem Namen versenden können. Ohne diese Maßnahmen könnten Hacker Ihre Domain imitieren und Phishing-E-Mails versenden, die scheinbar von Ihnen stammen.

Richten Sie schließlich E-Mail-Backups und Überwachungen ein. Sie können Tools nutzen, die Ihre E-Mails in der Cloud oder lokal archivieren, sodass Nachrichten im Falle eines versehentlichen Löschens oder eines Sicherheitsvorfalls wiederhergestellt werden können. Einige Dienste benachrichtigen Sie außerdem über ungewöhnliche Anmeldungen, Änderungen an Sicherheitseinstellungen oder neue Gerätezugriffe.

Hier ist Ihre Zusammenfassung zum Schutz von geschäftlichen E-Mails und vor Phishing:

Lernen Sie, Phishing-E-Mails zu erkennen. Klicken Sie niemals auf Links oder Anhänge unbekannter oder verdächtiger Absender.

Nutzen Sie einen professionellen E-Mail-Anbieter. Wechseln Sie von kostenlosen Konten zu sicheren Business-Lösungen.

Aktivieren Sie Zwei-Faktor-Authentifizierung mit einer Authenticator-App. Vermeiden Sie SMS-Codes, wenn möglich.

Verwenden Sie starke und einzigartige Passwörter. Nutzen Sie Ihr E-Mail-Passwort nirgendwo anders.

Überprüfen Sie verbundene Apps. Entfernen Sie unnötige oder veraltete Integrationen.

Trennen Sie private und geschäftliche Konten. Vermischen Sie keine sensiblen Informationen.

Verwenden Sie verschlüsselte E-Mails oder passwortgeschützte Links. Versenden Sie keine sensiblen Daten im Klartext.

Richten Sie SPF-, DKIM- und verifizierte Absender-Einstellungen ein. Schützen Sie Ihre Domain vor Missbrauch.

Überwachen Sie verdächtige Anmeldungen. Aktivieren Sie Benachrichtigungen für neue Geräte und Sicherheitsänderungen.

Erstellen Sie regelmäßige Backups Ihrer E-Mails. Archivieren Sie wichtige Gespräche und Dokumente.

E-Mail ist sowohl Ihr wichtigstes Kommunikationsmittel als auch Ihre größte digitale Schwachstelle. Wenn Sie sie mit diesen Maßnahmen absichern, vermeiden Sie nicht nur Cyberangriffe – Sie stellen sicher, dass Ihre Kommunikation, Ihre Identität und Ihre Kundenbeziehungen sicher und vertrauenswürdig bleiben.

Nun werfen wir einen Blick auf Mayas Geschichte über verdächtige Aktivitäten.

Maya hatte eine großartige Woche. Sie hatte gerade zwei neue Coaching-Kunden gewonnen und verhandelte mit einem Wellness-Unternehmen über ein sechsmonatiges Content-Strategie-Projekt. Ihr Kalender war voll, Rechnungen waren verschickt, und endlich schien alles zusammenzukommen. Am Mittwochmorgen überprüfte sie bei einer Tasse Kaffee ihren Posteingang und sah eine dringende Nachricht ihrer Geschäftsbank: „Verdächtige Aktivitäten auf Ihrem Konto festgestellt – Bitte bestätigen Sie Ihren Login." Ihr wurde mulmig zumute. Ohne nachzudenken klickte sie auf den Link.

Was sie nicht wusste: Die E-Mail stammte nicht von ihrer Bank. Es war eine Phishing-Nachricht – professionell gestaltet und von Betrügern erstellt. Das Logo, die Sprache, der Tonfall – alles wirkte echt. Sogar die Login-Seite sah identisch mit der echten Website ihrer Bank aus. Maya gab ihre Zugangsdaten ein, schickte das Formular ab und setzte ihren Tag fort.

Drei Stunden später rief ihre echte Bank an.

„Frau Rivera, wir haben mehrere Überweisungsversuche im Gesamtwert von über 9.000 Dollar festgestellt. Haben Sie diese Transaktionen veranlasst?"

Ihr Herz blieb fast stehen.

In Panik öffnete Maya ihre E-Mails und erkannte, was passiert war. Die Phishing-Nachricht hatte sie dazu gebracht, ihre Zugangsdaten preiszugeben. Sofort kontaktierte sie die Bank und ließ alle ausgehenden Überweisungen sperren. Ein Teil des Geldes konnte zurückgeholt werden – aber nicht alles. Insgesamt verlor sie mehr als 2.500 Dollar, die bereits über

Konten weitergeleitet worden waren, die nie zurückverfolgt werden konnten. Noch schlimmer war jedoch, dass der Betrüger nicht nur Zugriff auf ihr Bankkonto hatte – sondern auch auf ihre E-Mails.

Das bedeutete, dass der Angreifer ihre Kundengespräche, Verträge, Rechnungen, Cloud-Links und Passwort-Zurücksetzungen für soziale Netzwerke sehen konnte. Innerhalb weniger Stunden verschickte er E-Mails an ihre Kunden und bat – im Namen von Maya – um Zahlungen auf neue Konten. Zwei Kunden reagierten. Einer überwies das Geld tatsächlich.

Mayas Unternehmen war gekapert worden.

Die folgenden Tage bestanden aus Schadensbegrenzung. Sie änderte Passwörter, verschickte Warnungen an Kunden, kontaktierte Plattformen wie PayPal und Stripe und brach mehr als einmal in Tränen aus. Die Kunden reagierten verständnisvoll, waren aber verunsichert. Einer pausierte sein Coaching-Paket. Ein anderer wollte sich „in einigen Monaten noch einmal melden". Maya fühlte sich verletzt, beschämt und völlig überfordert. Wie konnte das so leicht passieren?

Sie hatte nie ernsthaft darüber nachgedacht, ihre E-Mails abzusichern. Für sie war E-Mail einfach ein Werkzeug – wie ein Telefon oder ein Notizblock. Sie hatte nie Zwei-Faktor-Authentifizierung aktiviert. Sie verwendete dasselbe Passwort für mehrere Konten. Und ihr war nicht einmal bewusst, dass alte Drittanbieter-Apps noch Zugriff auf ihren Posteingang hatten.

Es war ein schmerzhafter, aber lebensverändernder Weckruf.

Im Laufe des nächsten Monats baute Maya ihre Systeme komplett neu auf. Sie verabschiedete sich von ihrem alten Gmail-Konto und richtete ein neues Geschäftskonto mit verschlüsseltem Speicher ein. Sie aktivierte Zwei-Faktor-Authentifizierung auf allen Konten und installierte eine Authenticator-App. Sie begann einen Passwort-Manager zu verwenden und erstellte lange, zufällige Passwörter für jede Anmeldung. Außerdem entfernte sie alle alten Drittanbieter-Integrationen aus ihrem Postfach und überprüfte ihre Sicherheitseinstellungen jede Woche.

Sie lernte auch, Phishing-E-Mails besser zu erkennen. Sie achtete auf Absenderadressen, Rechtschreibfehler und Links, deren Ziel nicht mit dem angezeigten Text übereinstimmte. Sie begann, jede E-Mail mit Vorsicht zu betrachten – nicht aus Paranoia, sondern aus Bewusstsein. Sie brachte sich selbst und ihren Kunden bei, Warnsignale zu erkennen und verdächtige Nachrichten über andere Kanäle zu bestätigen.

Später in diesem Jahr erstellte Maya eine kurze Sicherheits-Checkliste für E-Mails und verschickte sie an ihre Newsletter-Abonnenten. Es wurde eine ihrer meistgelesenen Nachrichten. Kunden bedankten sich dafür. Einige sagten sogar, sie hätten die Checkliste an ihre gesamten Teams weitergeleitet. Maya erkannte, dass sie nicht allein war – die meisten Solounternehmer hatten nie gelernt, wie man E-Mail-Sicherheit richtig umsetzt. Sie war einfach eine derjenigen gewesen, die es auf die harte Tour gelernt hatten.

Heute erzählt Maya ihre Geschichte nicht als Warnung, sondern als Lektion. Sie erinnert ihre Kunden daran, dass E-Mail der Wächter ihres digitalen Lebens ist. Wenn jemand Zugriff erhält, sieht er nicht nur Nachrichten – sondern Ihre Identität, Ihr Unternehmen, Ihr Geld und Ihre Zukunft.

Heute beginnt Maya jedes Kunden-Onboarding mit einer Datenschutz- und Sicherheitserklärung. Es ist Teil ihrer Marke geworden. Sie versteckt dieses Thema nicht mehr – sie stellt es in den Mittelpunkt. Ihre Kunden fühlen sich sicherer, und Maya fühlt sich stärker. Was einst ihre größte Schwäche war, ist heute ihre stärkste Verteidigung.

Denn die Wahrheit ist: Maya war nicht nachlässig. Sie war einfach unvorbereitet. Und heute? Heute ist sie praktisch unangreifbar.

Kapitel 5: Grundlagen der Website- und E-Commerce-Sicherheit

Ihre Website ist oft der erste Eindruck, den Ihr Unternehmen hinterlässt – und für viele Unternehmer und Freelancer ist sie auch der wichtigste Weg, über den Kunden Sie finden, Ihre Dienstleistungen kennenlernen und Einkäufe tätigen. Doch mit dieser Sichtbarkeit entsteht auch ein Risiko. Ihre Website und E-Commerce-Plattformen sind öffentlich zugängliche digitale Vermögenswerte, die von Cyberkriminellen ständig nach Schwachstellen durchsucht werden. Wenn sie nicht geschützt sind, können sie gehackt, mit Malware infiziert oder zum Diebstahl von Kundendaten verwendet werden.

Ganz gleich, ob Sie WordPress, Wix, Shopify, Squarespace oder eine individuell programmierte Website nutzen – es ist entscheidend zu verstehen, wie Sie Ihr digitales Schaufenster oder Portfolio von Grund auf absichern können. In diesem Kapitel behandeln wir grundlegende Schutzmaßnahmen, die jeder Unternehmer umsetzen kann – ganz ohne technischen Hintergrund.

Beginnen wir mit sicherem Hosting. Ihre Website ist nur so sicher wie der Server, auf dem sie gehostet wird. Wählen Sie immer einen seriösen Hosting-Anbieter, der Sicherheit priorisiert und Funktionen wie 24/7-Support, tägliche Backups und SSL-Zertifikate anbietet. Wenn Sie Managed Hosting wie Shopify oder Squarespace verwenden, sind viele dieser Funktionen bereits integriert. Bei Plattformen wie WordPress müssen Sie jedoch sicherstellen, dass Ihr Hosting-Unternehmen Malware-Scans, DDoS-Schutz und serverseitige Firewalls bereitstellt.

Apropos SSL – darauf sollten Sie niemals verzichten. Ein SSL-Zertifikat verschlüsselt die Verbindung zwischen Ihren Besuchern und Ihrer Website und schützt sensible Informationen wie Passwörter oder Zahlungsdaten. Wenn SSL aktiviert ist, beginnt Ihre Website-Adresse mit „https://" und zeigt ein Schloss-Symbol in der Browserleiste an. SSL ist nicht nur essenziell für die Sicherheit, sondern verbessert auch Ihre Google-Rankings und stärkt das Vertrauen Ihrer Kunden. Die meisten seriösen Hosting-Anbieter bieten kostenlose SSL-Zertifikate an – aktivieren Sie diese sofort nach dem Start Ihrer Website.

Kommen wir nun zu Plattform-Updates. Wenn Sie WordPress, Joomla, Magento oder ähnliche Systeme nutzen, ist es entscheidend, alles aktuell zu halten. Hacker nutzen häufig bekannte Schwachstellen in veralteten Themes, Plugins und Kernsystemen aus. Aktivieren Sie automatische Updates oder überprüfen Sie mindestens einmal pro Woche auf neue Versionen. Löschen Sie ungenutzte Themes oder Plugins, da diese oft unbeaufsichtigt bleiben und zu Hintertüren für Angreifer werden können.

Verwenden Sie starke Administrator-Zugangsdaten für Ihr Website-Dashboard und Backend. Das bedeutet lange, einzigartige Passwörter, die in einem Passwort-Manager gespeichert werden, sowie aktivierte Zwei-Faktor-Authentifizierung. Viele Website-Hacks passieren nicht wegen hochentwickelter Angriffe, sondern wegen schwacher Logins wie „admin" oder „123456". Machen Sie es Angreifern nicht leicht.

Konzentrieren wir uns jetzt auf E-Commerce-Sicherheit. Wenn Sie Zahlungen über Ihre Website akzeptieren – für Produkte, digitale Downloads oder Dienstleistungen – müssen Sie sowohl Ihr Zahlungssystem als auch die Kundendaten schützen. Der einfachste Weg, sicher zu bleiben, ist die Nutzung vertrauenswürdiger Zahlungsanbieter wie Stripe, PayPal oder Square, die PCI-Compliance und Verschlüsselung für Sie übernehmen. Speichern Sie niemals Kreditkartendaten auf Ihren eigenen Servern. Leiten Sie Kunden stattdessen auf sichere Checkout-Seiten weiter, die vom Zahlungsanbieter gehostet werden.

Aktivieren Sie außerdem CAPTCHA- und Anti-Bot-Schutz auf allen Formularen, insbesondere auf Login-, Registrierungs- und Checkout-Seiten. Diese Tools blockieren automatisierte Skripte, die versuchen, Ihr System mit Spam zu überfluten oder Brute-Force-Angriffe durchzuführen. Sie mögen für Nutzer eine kleine Unannehmlichkeit darstellen, sind aber eine entscheidende Schutzbarriere gegen Betrug und Missbrauch.

Installieren Sie ein Sicherheits-Plugin oder eine Firewall, wenn Sie WordPress verwenden. Plugins wie Wordfence oder Sucuri bieten Malware-Scans, IP-Blockierungen, Schutz vor Brute-Force-Angriffen und Überwachung des Datenverkehrs in Echtzeit. Sie warnen Sie bei verdächtigen Aktivitäten, etwa wiederholten fehlgeschlagenen Login-Versuchen oder Zugriffen auf versteckte Dateien.

Eine der wichtigsten Gewohnheiten ist die regelmäßige Erstellung von Backups. Stellen Sie Ihr System so ein, dass Ihre Website mindestens einmal täglich automatisch gesichert wird, und speichern Sie eine Kopie sowohl auf Ihrem Hosting-Server als auch extern in der Cloud, beispielsweise bei Dropbox oder Google Drive. Ein Hackerangriff oder Serverausfall sollte nicht bedeuten, dass Sie bei null anfangen müssen. Mit einem sauberen Backup können Sie Ihre Website innerhalb weniger Minuten wiederherstellen.

Seien Sie vorsichtig mit Drittanbieter-Integrationen und Plugins. Jedes zusätzliche Tool auf Ihrer Website schafft eine potenzielle neue Sicherheitslücke. Installieren Sie nur Plugins aus vertrauenswürdigen Quellen, prüfen Sie Bewertungen und Aktualisierungshistorien und entfernen Sie alles, was Sie nicht mehr nutzen. Vermeiden Sie sogenannte „nulled“ oder raubkopierte Themes und Plugins – sie enthalten oft versteckte Malware.

Gewöhnen Sie sich außerdem daran, die Gesundheit Ihrer Website regelmäßig zu überwachen. Dienste wie Google Search Console, Jetpack oder UptimeRobot informieren Sie, wenn Ihre Website offline geht oder verdächtige Inhalte erkannt werden. Scannen Sie Ihre Website wöchentlich auf Malware und beobachten Sie die Ladegeschwindigkeit – plötzliche Verlangsamungen können auf schädliche Skripte im Hintergrund hinweisen.

Hier ist Ihre Schnell-Checkliste zur Absicherung Ihrer Website und E-Commerce-Plattform:

Wählen Sie einen sicheren Hosting-Anbieter. Achten Sie auf Malware-Scans, Backups und Firewalls.

Aktivieren Sie SSL-Verschlüsselung. Stellen Sie sicher, dass

Ihre Website HTTPS mit Schloss-Symbol verwendet.

Halten Sie alle Systeme aktuell. Aktualisieren Sie Plugins, Themes und Plattformen regelmäßig.

Verwenden Sie starke Administrator-Zugangsdaten. Vermeiden Sie einfache Benutzernamen und aktivieren Sie immer 2FA.

Nutzen Sie vertrauenswürdige Zahlungsanbieter. Speichern Sie keine Kreditkartendaten selbst.

Installieren Sie CAPTCHA auf allen Formularen. Blockieren Sie Spam und Brute-Force-Angriffe automatisch.

Verwenden Sie Sicherheits-Plugins oder Firewalls. Überwachen Sie den Datenverkehr und verhindern Sie schädliche Zugriffe.

Erstellen Sie tägliche Backups Ihrer Website. Speichern Sie Sicherungen lokal und extern.

Begrenzen Sie Drittanbieter-Plugins. Entfernen Sie ungenutzte Tools und überprüfen Sie deren Vertrauenswürdigkeit.

Überwachen Sie Betriebszeit und Sicherheit Ihrer Website. Nutzen Sie Alarmdienste für permanente Kontrolle.

Ihre Website ist Ihr digitales Schaufenster – und genau wie ein physisches Geschäft benötigt sie Schlösser, Alarmanlagen und Versicherungen. Wenn Sie sie absichern, schützen Sie nicht nur Ihr Einkommen und Ihre Marke, sondern stärken auch das Vertrauen Ihrer Kunden. Eine sichere Website signalisiert: „Ich nehme dieses Unternehmen ernst. Sie können mir vertrauen."

Wie Elijah gehackt wurde

Als Elijah seinen Online-Shop für digitale Planer eröffnete, hätte er nie gedacht, dass die technische Seite seines Unternehmens eines Tages seine größte Schwachstelle werden würde. Er war kein Entwickler, hatte aber einen einfachen und professionellen Shopify-Shop mit einem Drag-and-Drop-Theme aufgebaut, einige Apps für den Checkout installiert und seine Produkte hochgeladen. Die Verkäufe liefen gut, seine E-Mail-Liste wuchs und Kunden hinterließen hervorragende Bewertungen.

Dann erhielt er eines Morgens eine Nachricht von einem Kunden, die ihm den Magen umdrehte.

„Hey, ich wollte gerade deinen Planer kaufen, aber meine Karte wurde gesperrt. Es hieß, die Website könnte unsicher sein. Ist alles in Ordnung?"

Elijah überprüfte sofort seine Website. Alles schien normal. Die Startseite funktionierte, Produkte wurden angezeigt und nichts wirkte ungewöhnlich. Doch als er selbst den Checkout testete, erschien plötzlich ein rotes Warnbanner: „Diese Website könnte kompromittiert sein. Vorsicht beim Fortfahren." Als er sich in sein Shop-Dashboard einloggte, stellte er fest, dass mehrere Apps aktiv waren, die er nie installiert hatte – darunter eine namens „Fast Checkout Pro++", die Nutzer auf eine externe Domain umleitete.

Er war gehackt worden.

Ein schädliches Skript war über eine veraltete Drittanbieter-App eingeschleust worden. Es leitete Nutzer heimlich auf eine gefälschte Checkout-Seite weiter, auf der Zahlungsdaten abgefangen wurden. Elijah wusste nicht, wie lange das bereits passiert war. Er hatte seine Apps seit Wochen nicht aktualisiert und wusste nicht, dass sein Hosting keine automatischen Sicherheits-Scans durchführte. Der Vorfall kostete ihn nicht nur Verkäufe – sondern auch Vertrauen.

Die E-Mails seiner Kunden häuften sich. Ein Kunde meldete betrügerische Abbuchungen kurz nach dem Kaufversuch. Ein anderer berichtete, dass seine Bankkarte gesperrt worden war. Elijah schloss sofort seinen Shop und kontaktierte den Shopify-Support, der ihm half, die schädlichen Dateien zu entfernen und eine saubere Version wiederherzustellen. Glücklicherweise war sein Shop auf einer Managed-Plattform gehostet, was die Wiederherstellung erleichterte. Doch der Schaden war bereits entstanden.

In den folgenden Tagen verschickte Elijah Entschuldigungsmails, bot Rückerstattungen an und erstellte eine FAQ-Seite mit Erklärungen zum Vorfall. Die meisten Kunden reagierten verständnisvoll. Einige jedoch nicht. Einer schrieb öffentlich: „Tolles Produkt, aber nicht wert, dafür gehackt zu werden." Seine Fünf-Sterne-Bewertung sank – ebenso wie sein Selbstvertrauen.

Elijah fragte sich, was er übersehen hatte. Die Liste war lang: Er hatte keine Zwei-Faktor-Authentifizierung aktiviert, keine Warnungen für Änderungen am Website-Code eingerichtet und keine regelmäßigen Backups erstellt. Am schlimmsten war jedoch, dass er Dutzende ungenutzter Apps installiert hatte – jede einzelne eine potenzielle offene Tür für Hacker.

Er beschloss, alles neu aufzubauen – diesmal mit Sicherheit als Kernprinzip und nicht als Nebengedanken. Er wechselte zu einem sichereren Hosting-Paket mit täglichen Backups und serverseitigen Malware-Scans. Er aktivierte SSL, obwohl Shopify dies standardmäßig anbot, und kontrollierte regelmäßig, dass alle Seiten das Schloss-Symbol anzeigten. Er änderte sämtliche Administrator-Zugangsdaten und installierte ein Sicherheits-Plugin, das Codeänderungen überwachte und verdächtige Aktivitäten meldete.

Außerdem entwickelte er eine Wartungs-Checkliste: Jeden Freitag loggte er sich ein, überprüfte Updates, führte Sicherheits-Scans durch und kontrollierte Formulare auf ungewöhnliches Verhalten. Er beschränkte den Zugriff auf sein Dashboard und deaktivierte unnötige Kundenkonten. Er entfernte alle ungenutzten Plugins und versprach sich selbst, künftig jedes neue Plugin sorgfältig anhand von Bewertungen, Aktualisierungshistorie und Entwicklerdaten zu prüfen. Keine Abkürzungen mehr.

Um seine Zahlungsprozesse zu schützen, nutzte er nur noch vertrauenswürdige Anbieter wie Stripe und PayPal und verzichtete auf experimentelle Drittanbieter-Checkout-Erweiterungen. Er aktualisierte seine Datenschutzrichtlinie, fügte einen Sicherheitsbereich in den Footer seiner Website ein und erklärte in einfacher Sprache, wie Kundendaten gespeichert und geschützt werden.

Schon bald bemerkten seine Kunden die Veränderungen.

„Ich schätze Ihre Transparenz beim Datenschutz“, schrieb einer. „Das ist ein Grund, warum ich Ihnen vertraue.“ Ein anderer meinte: „Ihre Website wirkt professionell und sicher. Andere sehen im Vergleich unseriös aus." Mit der Zeit stiegen seine Verkäufe wieder und auch seine Bewertungen verbesserten sich.

Elijah lernte auf die harte Tour, dass ein schönes Design und ein funktionierender Shop allein nicht ausreichen. Was hinter den Kulissen passiert, ist genauso wichtig – und Kunden spüren das. Eine sichere Website dient nicht nur dazu, Probleme zu verhindern. Sie zeigt auch, dass Sie ein verantwortungsbewusstes Unternehmen führen. Dass Ihnen die Daten Ihrer Kunden wichtig sind. Dass Vertrauen verdient und geschützt werden muss.

Heute unterstützt Elijah andere Solounternehmer beim Start ihrer ersten Online-Produkte. Sein wichtigster Rat lautet: „Warte nicht bis nach einem Sicherheitsvorfall, um über Website-Sicherheit nachzudenken. Integriere sie vom ersten Tag an."

Seine Erfahrung erinnert eindrucksvoll daran, dass Ihre Website die Eingangstür Ihres Unternehmens ist. Halten Sie sie verschlossen, überwacht und geschützt – und Ihre Kunden werden es spüren, selbst wenn sie die Sicherheitsmaßnahmen niemals direkt sehen.

Kapitel 6: Sicheres Arbeiten mit Kunden und Remote-Teams

Mit dem Wachstum Ihres Unternehmens wird Zusammenarbeit unverzichtbar. Ganz gleich, ob Sie Dateien mit Kunden teilen, einen virtuellen Assistenten einarbeiten oder Aufgaben an einen Remote-Dienstleister auslagern – jede neue Interaktion schafft einen neuen potenziellen Schwachpunkt. Die Zusammenarbeit mit anderen, insbesondere über das Internet, erfordert nicht nur klare Kommunikation, sondern auch sichere Systeme, die versehentliche Datenlecks, unbefugten Zugriff und Sicherheitsverletzungen verhindern.

Beginnen wir mit dem Prinzip der geringsten Berechtigung. Das bedeutet, dass Personen nur Zugriff auf die Informationen und Tools erhalten, die sie tatsächlich für ihre Arbeit benötigen – nicht mehr. Wenn Sie mit einem Designer arbeiten, braucht dieser keinen Zugriff auf Ihr gesamtes Google Drive. Wenn Sie einen Social-Media-Manager einstellen, benötigt dieser keinen vollständigen Administratorzugang zu Ihrem Zahlungs-Dashboard. Weisen Sie Rollen sorgfältig zu. Die meisten Cloud-Plattformen wie Google Workspace, Trello, Canva oder Dropbox ermöglichen es Ihnen, Ansichts-, Kommentar- oder Bearbeitungsrechte individuell festzulegen. Nutzen Sie diese Funktionen konsequent.

Sie sollten außerdem vermeiden, Passwörter über unsichere Kanäle wie E-Mail oder SMS zu versenden. Nutzen Sie stattdessen Passwort-Manager mit Freigabefunktionen wie 1Password Teams oder LastPass for Business. Diese Tools ermöglichen es Ihnen, Zugänge zu teilen, ohne das eigentliche Passwort preiszugeben. Wenn Sie den Zugriff später entziehen, kann sich das Teammitglied nicht mehr anmelden – selbst wenn es es versucht.

Wenn Sie Kollaborationstools verwenden, sollten Sie Plattformen bevorzugen, die Verschlüsselung und detaillierte Berechtigungskontrollen anbieten. Google Drive, Notion, Airtable und ClickUp verfügen beispielsweise über Zugriffsprotokolle, Freigabebeschränkungen und Audit-Funktionen, mit denen nachvollzogen werden kann, wer Dateien angesehen oder bearbeitet hat. Vermeiden Sie Tools, die keine Transparenz über Zugriffe oder Login-Aktivitäten bieten. Nachvollziehbarkeit und Kontrolle sind entscheidend, wenn Sie mit anderen zusammenarbeiten.

Wenn Sie einen Auftragnehmer oder Freelancer cinarbeiten, sollten Sie standardisierte Prozesse für sicheren Zugriff erstellen. Dazu könnte gehören:

Eine temporäre E-Mail-Adresse oder Alias-Adresse einzurichten.

Nur projektspezifische Ordner freizugeben.

Zeitlich begrenzte Freigabelinks zu verwenden.

Zugangsinformationen über sichere Messenger wie Signal oder ProtonMail zu versenden.

Genauso wichtig ist ein klarer Offboarding-Prozess. Wenn die Zusammenarbeit endet oder ein Projekt abgeschlossen ist, sollten Sie sofort den Zugriff auf Dokumente, Apps, Passwörter und Kommunikationskanäle entziehen. Viele Sicherheitsverletzungen passieren nicht während der Zusammenarbeit, sondern danach – wenn alte Zugänge vergessen werden und offen bleiben.

Auch Projektmanagement-Tools wie Asana, Basecamp oder Monday.com verdienen besondere Aufmerksamkeit. Stellen Sie sicher, dass Benutzer nur Zugriff auf relevante Projekte erhalten und sensible Notizen, Dateien oder Diskussionen bei Bedarf in privaten Bereichen bleiben. Wenn Sie mit sensiblen Kundendaten arbeiten – insbesondere in den Bereichen Coaching, Finanzen oder Gesundheitsdienstleistungen – sollten Sie die Datenschutzeinstellungen gemeinsamer Boards und Unterhaltungen immer doppelt prüfen.

Wenn Ihr Team über verschiedene Zeitzonen oder Länder verteilt arbeitet, sollten Sie außerdem Datenschutzgesetze beachten. Wenn Sie beispielsweise Kundendaten aus der Europäischen Union sammeln, muss Ihr Team möglicherweise die DSGVO einhalten. Das bedeutet klare Zustimmungserklärungen, sichere Speicherung und Transparenz darüber, wo Daten physisch gespeichert werden. Selbst wenn Sie gesetzlich nicht dazu verpflichtet sind, schaffen solche Standards Vertrauen und verhindern spätere Probleme.

Videoanrufe und Aufzeichnungen sind ein weiterer oft übersehener Bereich. Wenn Sie Zoom-Meetings für Schulungen, Dokumentation oder Notizen aufzeichnen, stellen Sie sicher, dass alle Teilnehmer informiert sind und die Dateien sicher gespeichert werden. Vermeiden Sie es, Aufnahmen unverschlüsselt auf lokalen Geräten aufzubewahren. Nutzen Sie stattdessen geschützte Cloud-Ordner mit klaren Berechtigungen.

Dateien per E-Mail hin und her zu senden gehört zu den unsichersten Formen der Zusammenarbeit. Verwenden Sie stattdessen Cloud-Freigaben. Wenn Sie dennoch Dateien per E-Mail versenden müssen, verschlüsseln Sie diese und senden Sie das Passwort separat – idealerweise über einen anderen

Kommunikationskanal. Noch besser ist es, Dateien auf einer sicheren Plattform hochzuladen und einen Link mit zeitlich begrenztem Nur-Lese-Zugriff zu teilen.

Vergessen Sie nicht die Schulung Ihres Teams. Wenn Sie regelmäßig mit denselben Auftragnehmern oder Mitarbeitern arbeiten, investieren Sie etwas Zeit, um ihnen Ihre Cybersicherheitsstandards zu erklären. Stellen Sie eine einfache Checkliste oder einen Leitfaden bereit: starke Passwörter verwenden, Zwei-Faktor-Authentifizierung aktivieren, öffentliche WLAN-Netzwerke vermeiden, keine unbekannten Links anklicken und sich auf gemeinsam genutzten Geräten immer abmelden. Das mag übertrieben erscheinen – aber bereits ein einziges schwaches Glied kann Ihr gesamtes Unternehmen gefährden.

Hier ist Ihre Zusammenfassung für sicheres Arbeiten mit Kunden und Remote-Teams:

Verwenden Sie das Prinzip der geringsten Berechtigung. Teilen Sie nur das, was für die Arbeit notwendig ist.

Versenden Sie keine Passwörter direkt. Nutzen Sie Passwort-Manager mit sicheren Freigabefunktionen.

Wählen Sie verschlüsselte Kollaborationsplattformen. Nutzen Sie Tools mit Zugriffsprotokollen und Rollenrechten.

Erstellen Sie sichere Onboarding-Prozesse. Teilen Sie Anleitungen und Dateien über sichere, temporäre Zugänge.

Nutzen Sie klare Offboarding-Checklisten. Entziehen Sie Zugriffe sofort nach Projektende.

Sichern Sie Projektmanagement-Tools ab. Begrenzen Sie Sichtbarkeit und Zugriffe.

Kennen Sie Datenschutzgesetze. Verstehen Sie DSGVO und internationale Datenschutzanforderungen.

Sichern Sie Videoaufzeichnungen. Informieren Sie Teilnehmer und speichern Sie Dateien geschützt.

Nutzen Sie Cloud-Links statt E-Mail-Anhänge. Teilen Sie zeitlich begrenzte oder schreibgeschützte Links.

Schulen Sie Ihr Team. Fördern Sie sichere Gewohnheiten und klare Sicherheitsstandards.

In der heutigen digitalen Arbeitswelt ist Zusammenarbeit ohne Schutz so, als würden Sie nachts die Türen Ihres Büros offen lassen. Sichere Arbeitsabläufe mit Kunden und Mitarbeitern sind mehr als nur eine bewährte Praxis – sie sind eine professionelle Notwendigkeit. Sie schützen nicht nur Ihre Daten und Systeme, sondern schaffen auch langfristiges Vertrauen und Zuverlässigkeit.

Nun sprechen wir über Amaras Geschichte.

Amara hatte ein erfolgreiches Online-Unternehmen von ihrem Zuhause in Atlanta aus aufgebaut. Sie bot virtuelle Assistenzdienste für vielbeschäftigte Unternehmer und Führungskräfte an und verwaltete alles – von E-Mails über Reisebuchungen bis hin zur Kalenderkoordination. Als die Nachfrage stieg, begann sie ein kleines Team aus Subunternehmern zusammenzustellen – Spezialisten für Social Media, Administration und Kundenservice. Es fühlte sich an, als würde ihr Unternehmen endlich wachsen. Doch was sie nicht bemerkte: Mit ihrem Team wuchs auch ihr Risiko.

Eines Montagmorgens erhielt sie einen panischen Anruf von einem Kunden. „Hey Amara – ich habe gerade eine E-Mail von jemandem aus deinem Team bekommen, der Zugriff auf mein PayPal-Konto verlangt hat. Hast du das autorisiert?" Amara war verwirrt. Das hatte sie nicht. Sie überprüfte ihre gesendeten Nachrichten. Nichts. Dann kontaktierte sie die neue Subunternehmerin, die erst zwei Wochen zuvor eingestellt worden war. Diese behauptete, nichts Ungewöhnliches gesendet zu haben.

Doch als Amara genauer nachforschte, erkannte sie ihren Fehler. Beim Onboarding hatte sie der neuen Assistentin ein

Dokument per E-Mail geschickt, das Kundenzugänge, Passwörter und private Notizen enthielt – alles in einem einzigen unverschlüsselten Google-Dokument gespeichert. Sie hatte keinen Passwort-Manager verwendet. Sie hatte keine Zugriffsgrenzen eingerichtet. Und sie hatte den Zugriff einer früheren Assistentin, deren Vertrag bereits vor einem Monat geendet hatte, nie widerrufen. Das Dokument war weiterhin zugänglich – und vermutlich kopiert, geteilt oder sogar verkauft worden.

Noch schlimmer war, dass ihre Google-Drive-Einstellungen komplett offen waren. Dutzende Kundendateien standen auf „Jeder mit dem Link kann ansehen“. Dabei handelte es sich nicht nur um Kalender-Vorlagen oder Markenmaterialien, sondern auch um Rechnungen, Verträge, Onboarding-Formulare und private Geschäftsdokumente. Genau die Art von Sicherheitslücke, die Kundenvertrauen über Nacht zerstören kann.

Amara wurde schlecht. Sie rief jeden Kunden persönlich an, erklärte die Situation, entschuldigte sich und versicherte, sofort Maßnahmen zum Schutz ihrer Daten zu ergreifen. Einige reagierten verständnisvoll. Andere waren verärgert. Ein Kunde kündigte den Vertrag und verlangte eine Rückerstattung. Amara wusste, dass sie einen Fehler gemacht hatte – sie hatte sich auf Wachstum konzentriert, aber vergessen, ihr Unternehmen zu schützen.

In dieser Nacht konnte sie nicht schlafen. Zum ersten Mal wurde ihr klar, dass auch sie Cybersicherheit brauchte. Sie war keine Technologie-Firma. Sie verarbeitete keine Kreditkarten. Sie verwaltete keine Staatsgeheimnisse. Aber sie verwaltete Vertrauen. Und das war genauso wertvoll – und genauso verletzlich.

Am nächsten Morgen begann Amara von vorne. Sie registrierte sich bei einem Business-Passwort-Manager und verschob sämtliche Logins, Notizen und Zugangsdaten in einen sicheren Tresor. Sie änderte jedes geteilte Passwort und richtete individuelle Zugänge mit rollenbasierten Berechtigungen ein. Niemand sollte jemals wieder vollständigen Zugriff erhalten – nicht einmal vorübergehend.

Außerdem entwickelte sie einen formellen Onboarding- und Offboarding-Prozess. Jedes neue Teammitglied erhielt nur Zugriff auf exakt definierte Tools und Dateien. Sie nutzte zeitlich begrenzte Links und verschickte niemals wieder Zugangsdaten per E-Mail. Wenn jemand das Unternehmen verließ, entzog sie sofort alle Zugriffsrechte. Keine vergessenen Ordner oder offenen Berechtigungen mehr.

Sie begann, für alles sichere Plattformen zu verwenden: verschlüsselte Messenger für sensible Kommunikation, Cloud-Laufwerke mit Zugriffsprotokollen und Projektmanagement-Tools mit klaren Sichtbarkeitseinstellungen. Sie nahm sogar ein kurzes Schulungsvideo über ihre Cybersicherheitsstandards auf, das jeder Auftragnehmer ansehen musste, bevor er Zugriff erhielt.

Was früher wie ein chaotisches Team über verschiedene Zeitzonen hinweg wirkte, wurde zu einer sicheren und gut organisierten Struktur. Dateien waren klar beschriftet, geordnet und überwacht. Jede Handlung hinterließ eine nachvollziehbare Spur. Amara fühlte sich endlich wieder in Kontrolle – nicht nur über die Ergebnisse ihres Unternehmens, sondern auch über die dahinterstehende Infrastruktur.

Auch ihre Kunden bemerkten die Veränderung. Einer schrieb: „Ich möchte nur sagen, wie beeindruckt ich von Ihrer Professionalität bin. Ich habe mit vielen virtuellen Assistenten gearbeitet, aber Sie sind die Erste mit einem klaren und sicheren Prozess." Ein anderer sagte: „Danke, dass Sie meine Informationen behandeln, als wären sie wirklich wichtig."

Amaras Fehler zerstörte ihr Unternehmen nicht – er verwandelte es. Er zwang sie, bessere Systeme aufzubauen und ihre Marke zu stärken. Was als Sicherheitsproblem begann, wurde zu einer Blaupause für professionelles Wachstum.

Heute coacht Amara andere virtuelle Dienstleister und Unternehmer im Bereich Kundenmanagement. Sie erklärt ihnen, dass die Skalierung eines Teams nicht nur Delegation bedeutet – sondern Sicherheit. „Wenn Sie nicht genau wissen, wer Zugriff auf welche Daten hat", sagt sie, „wissen es Ihre Kunden auch nicht. Und genau dort beginnt der Vertrauensverlust."

Ihre Geschichte erinnert daran, dass Zusammenarbeit ohne Cybersicherheit in der modernen Geschäftswelt ein Risiko ist. Doch mit den richtigen Systemen können Sie Ihre Daten, Ihr Team und Ihren Ruf schützen – und gleichzeitig mit Vertrauen wachsen.

Kapitel 7: Cyberhygiene und tägliche Sicherheitsgewohnheiten

Cybersicherheit ist keine einmalige Einrichtung – sie ist eine tägliche Gewohnheit. Genau wie Zähneputzen, Finanzplanung oder das Überprüfen Ihres Kalenders erfordert digitale Sicherheit Beständigkeit, Aufmerksamkeit und kleine tägliche Routinen. Dieses Kapitel hilft Ihnen dabei, eine persönliche Sicherheitsroutine zu entwickeln, die Ihre Geräte, Konten und Ihr Online-Unternehmen schützt, ohne Ihren Zeitplan oder Ihre Energie zu überfordern.

Beginnen wir damit zu verstehen, was „Cyberhygiene" eigentlich bedeutet. Damit sind regelmäßige Aktivitäten und bewährte Methoden gemeint, die Ihre digitale Umgebung sauber, sicher und funktionsfähig halten. Betrachten Sie es als vorbeugende Wartung für Ihr digitales Leben. So wie Sie Ihr Auto nicht 50.000 Kilometer ohne Ölwechsel fahren würden, sollten Sie auch nicht monatelang warten, bevor Sie Passwörter aktualisieren oder Backups erstellen.

Die Grundlage guter Cyberhygiene beginnt mit Updates. Gewöhnen Sie sich daran, regelmäßig nach Aktualisierungen für Ihre Geräte, Browser, Apps und Software zu suchen. Diese Updates enthalten oft wichtige Sicherheits-Patches. Aktivieren

Sie automatische Updates, wann immer möglich, und richten Sie eine wiederkehrende Erinnerung ein, um Ihre wichtigsten Systeme – wie Website-Plugins, Antivirus-Software, Passwort-Manager und Betriebssysteme – mindestens einmal pro Woche manuell zu überprüfen.

Konzentrieren Sie sich anschließend auf Passwort- und Kontohygiene. Verwenden Sie Ihren Passwort-Manager nicht nur zum Einloggen, sondern auch zur regelmäßigen Überprüfung gespeicherter Passwörter. Entfernen Sie alte Logins, die Sie nicht mehr verwenden. Aktualisieren Sie schwache, doppelte oder kompromittierte Passwörter. Wenn Ihr Passwort-Manager Sicherheitswarnungen anbietet, prüfen Sie diese regelmäßig und handeln Sie sofort. Legen Sie Erinnerungen fest, um besonders sensible Passwörter – etwa für E-Mail, Banking und Cloud-Speicher – alle 60 bis 90 Tage zu ändern.

Die Zwei-Faktor-Authentifizierung sollte absolut selbstverständlich sein. Jedes Mal, wenn Sie ein neues Konto oder eine neue App erstellen, sollte es zur Gewohnheit werden, 2FA sofort zu aktivieren. Ja, es ist ein zusätzlicher Schritt – aber genau dieser Schritt kann Hacker stoppen, selbst wenn sie Ihr Passwort besitzen. Überprüfen Sie Ihre 2FA-Einstellungen regelmäßig und stellen Sie sicher, dass Sie eine Authenticator-App statt SMS verwenden. Bewahren Sie außerdem Ihre Backup-Codes sicher auf.

Backups sind Ihr Sicherheitsnetz. Ein Ransomware-Angriff, ein gestohlener Laptop oder eine beschädigte Datei sollten niemals Jahre Ihrer Arbeit vernichten können. Entwickeln Sie eine Backup-Routine, die Folgendes umfasst:

Tägliche automatische Cloud-Backups Ihrer aktiven Dokumente und Apps.

Wöchentliche lokale Backups auf eine verschlüsselte externe Festplatte.

Monatliche vollständige System-Backups Ihrer Website, Inhalte und Medienbibliothek.

Sobald Ihre Backups eingerichtet sind, testen Sie sie regelmäßig. Ein Backup, das im Ernstfall nicht funktioniert, ist schlimmer als gar kein Backup.

Auch Ihr E-Mail-Posteingang benötigt regelmäßige Pflege. Archivieren Sie alte Konversationen. Löschen Sie E-Mails mit veralteten Links oder sensiblen Informationen. Entfernen Sie Spam- und Phishing-Nachrichten. Lassen Sie keine alten Rechnungen, Login-Daten oder Kundendateien jahrelang in Ihrem Posteingang liegen. Richten Sie Filter und Ordner ein, damit nur wichtige Nachrichten in Ihrer Hauptansicht erscheinen und Sie sicherheitsrelevante Warnungen nicht übersehen.

Sprechen wir nun über Ihr Verhalten im Umgang mit Geräten. Gewöhnen Sie sich daran, Ihren Bildschirm jedes Mal zu sperren, wenn Sie Ihren Arbeitsplatz verlassen – selbst nur für einen Moment. Lassen Sie Ihren Laptop niemals unbeaufsichtigt an öffentlichen Orten geöffnet. Wenn Sie häufig reisen oder remote arbeiten, investieren Sie in einen Sichtschutzfilter, um sogenanntes „Visual Hacking" zu verhindern, bei dem andere über Ihre Schulter mitlesen. Melden Sie sich immer von gemeinsam genutzten oder öffentlichen Geräten ab und speichern Sie keine Passwörter in Browsern auf fremden Computern.

Seien Sie vorsichtig bei der Nutzung öffentlicher WLAN-Netzwerke. Vermeiden Sie Logins in sensible Konten an Flughäfen, in Cafés oder Hotels. Wenn Sie öffentliches WLAN nutzen müssen, verbinden Sie sich immer über ein vertrauenswürdiges VPN. VPNs verschlüsseln Ihren Datenverkehr und erschweren es anderen Nutzern im selben Netzwerk, Ihre Aktivitäten auszuspionieren.

Praktizieren Sie digitalen Minimalismus. Löschen Sie regelmäßig ungenutzte Apps und Browser-Erweiterungen.

Jede installierte App ist ein potenzieller neuer Angriffspunkt für Hacker. Wenn Sie ein Tool seit einem Monat nicht mehr verwendet haben, entfernen Sie es. Das gilt für mobile Apps, Desktop-Programme, Cloud-Tools und Browser-Erweiterungen. Weniger digitale Unordnung bedeutet weniger Schwachstellen.

Erstellen Sie einen einfachen Cyberhygiene-Kalender. Hier ist ein grundlegendes Wochenmodell:

Montag: Nach Software- und App-Updates suchen.

Mittwoch: Passwort-Manager und 2FA-Warnungen überprüfen.

Freitag: Malware-Scan durchführen und Backups kontrollieren.

Monatsende: Zugriffsrechte auf geteilten Laufwerken prüfen, ungenutzte Logins entfernen und unnötige Dateien löschen.

Sie können diesen Zeitplan an Ihre eigenen Geschäftsanforderungen anpassen, aber das Ziel bleibt gleich: Cybersicherheit soll eine Routine werden – keine Reaktion auf Probleme.

Stärken Sie außerdem Ihr Bewusstsein für digitale Bedrohungen. Abonnieren Sie ein oder zwei vertrauenswürdige Cybersicherheits-Newsletter oder Podcasts wie CyberScoop, Krebs on Security oder The Hacker News. Sie müssen kein Experte werden, aber wenn Sie aktuelle Betrugsmaschen, Phishing-Techniken und Sicherheitslücken kennen, können Sie Warnsignale frühzeitig erkennen.

Hier ist Ihre Cyberhygiene-Checkliste:

Aktivieren Sie automatische Updates und prüfen Sie wichtige Systeme wöchentlich manuell.

Verwenden und pflegen Sie einen Passwort-Manager. Ändern Sie sensible Passwörter alle 60–90 Tage.

Aktivieren und überwachen Sie Zwei-Faktor-Authentifizierung. Nutzen Sie bevorzugt App-basierte Methoden.

Erstellen Sie regelmäßige Backups. Nutzen Sie Cloud- und lokale Lösungen und testen Sie diese.

Halten Sie Ihren Posteingang sauber. Archivieren, löschen und filtern Sie Nachrichten.

Melden Sie sich von Geräten ab. Verwenden Sie Bildschirmsperren und speichern Sie keine Passwörter in Browsern.

Nutzen Sie ein VPN in öffentlichen WLAN-Netzen. Loggen Sie sich niemals ungeschützt in sensible Konten ein.

Löschen Sie ungenutzte Apps und Tools. Reduzieren Sie Ihre Angriffsfläche.

Planen Sie Cyberhygiene-Routinen fest ein. Machen Sie Sicherheit zu einem Teil Ihres Arbeitsalltags.

Bleiben Sie informiert. Lesen oder hören Sie jede Woche mindestens eine Sicherheitsquelle.

Cyberhygiene ist nichts Glamouröses. Niemand wird Ihnen applaudieren, weil Sie Ihren Bildschirm sperren oder Plugins aktualisieren. Doch genau diese kleinen täglichen Handlungen stehen zwischen Ihrem erfolgreichen Unternehmen und einer katastrophalen Sicherheitsverletzung. Wie gesunde Ernährung oder Sport wirken auch diese Gewohnheiten langfristig – und sie lohnen sich.

Die Geschichte darüber, wie Trevor eine morgendliche Sicherheits-Checkliste entwickelte

Trevor führte ein erfolgreiches Online-Unternehmen, das E-Book-Cover und Werbegrafiken für Self-Publishing-Autoren gestaltete. Seine Kunden kamen durch Empfehlungen und Mundpropaganda, und sein Arbeitsablauf war einfach: Der

Kunde füllte ein Formular aus, Trevor entwarf das Cover, sie kommunizierten per E-Mail, und die fertigen Dateien wurden über Google Drive geliefert. Er hatte keine Mitarbeiter, kein Büro und keine komplizierte Infrastruktur – nur einen Laptop, einige Designprogramme und treue Kunden.

Deshalb war er schockiert, als eines Morgens seine Design-Dateien plötzlich nicht mehr geöffnet werden konnten.

Auf seinem Bildschirm erschien eine Nachricht: „Ihre Dateien wurden verschlüsselt. Zahlen Sie 500 Dollar in Bitcoin, um Ihre Daten wiederherzustellen."

Trevor starrte fassungslos auf den Bildschirm. Sein Laptop – praktisch sein gesamtes Unternehmen – war von Ransomware infiziert worden. Das Schlimmste daran: Er hatte keine aktuellen Backups. Die einzigen Kopien mehrerer aktiver Projekte waren auf seiner Festplatte eingeschlossen. Und selbst wenn er das Lösegeld bezahlen würde, gab es keine Garantie, dass die Dateien tatsächlich wiederhergestellt werden könnten. Ein Kunde erwartete noch am selben Tag ein fertiges Cover. Ein anderer plante einen Buchlaunch in der nächsten Woche.

Trevor wusste nicht, wie die Schadsoftware auf seinen Computer gelangt war. Vielleicht durch eine Datei, die er letzte

Woche heruntergeladen hatte, oder eine Browser-Erweiterung, die er installiert hatte, um schneller E-Mail-Vorlagen zu erstellen. Er hatte Systemupdates monatelang ignoriert, weil sie seine Designarbeit unterbrochen hatten. Seine Antivirus-Lizenz war vor sechs Wochen abgelaufen, und er hatte sie nie erneuert. Seine Passwörter? Die meisten standen immer noch in einem einfachen Textdokument auf seinem Desktop. Er hatte sich immer gesagt, dass er sich „später um diese Sicherheitssachen kümmern würde".

Dieses „später" kam nie.

In seiner Verzweiflung zahlte Trevor das Lösegeld. Einen Tag später erhielt er zwar einen Entschlüsselungscode, aber viele Dateien blieben beschädigt. Er musste seine Kunden informieren. Einige reagierten verständnisvoll. Andere nicht. Ein Kunde verlangte eine Rückerstattung und hinterließ eine schlechte Bewertung auf seinem Fiverr-Profil. Ein anderer antwortete nie wieder.

Nachdem sich die Situation beruhigt hatte, traf Trevor eine Entscheidung. Er konnte die Vergangenheit nicht ändern, aber er konnte seine Arbeitsweise verändern. Am nächsten Morgen kaufte er einen neuen Laptop. Noch bevor er seine Designsoftware installierte, richtete er einen Passwort-Manager ein und generierte starke, einzigartige

Passwörter für all seine Konten. Er aktivierte Zwei-Faktor-Authentifizierung überall – für E-Mail, Design-Tools und Zahlungsplattformen.

Er meldete sich bei einem Cloud-Backup-Dienst an, der automatisch im Hintergrund lief, und kaufte eine externe Festplatte für wöchentliche Backups. Jeden Freitag um 15 Uhr erschien eine Erinnerung: Sicherheits-Scan durchführen. Dateien sichern. 2FA-Einstellungen überprüfen. Es wurde Teil seines Arbeitsrhythmus – genau wie Rechnungen verschicken oder E-Mails beantworten.

Er entwickelte sogar eine „morgendliche Sicherheits-Checkliste", die er jeden Tag vor Arbeitsbeginn überprüfte:

VPN verbunden?

Passwort-Manager eingeloggt?

Dateien vom Vortag gesichert?

Keine verdächtigen E-Mails?

Nach und nach baute Trevor nicht nur seine Systeme neu auf, sondern auch seine Denkweise. Er erkannte, dass Cybersicherheit nichts mit Paranoia zu tun hat – sondern mit Respekt. Respekt gegenüber seiner eigenen Zeit, dem

Vertrauen seiner Kunden und dem Unternehmen, das er so hart aufgebaut hatte.

Er begann, seinen Posteingang wöchentlich aufzuräumen, alte Anhänge zu löschen und Spam zu entfernen. Er entfernte ungenutzte Browser-Erweiterungen, löschte Apps, die seit Monaten nicht verwendet wurden, und meldete sich von fragwürdigen E-Mail-Listen ab. Sein Computer wurde schneller, sein Kopf klarer, und seine Kunden bemerkten die Veränderung. „Du bist organisierter als je zuvor", kommentierte einer.

Trevor teilte schließlich seine Erfahrungen mit anderen Freelancern. Er veröffentlichte einen Beitrag auf Twitter mit dem Titel „Wie ich mein Unternehmen fast in 10 Sekunden verloren hätte" und beschrieb darin seine Geschichte und die täglichen Sicherheitsgewohnheiten, die er eingeführt hatte. Der Beitrag verbreitete sich schnell, und viele Kreative schrieben ihm, dass sie wegen seiner Geschichte angefangen hätten, Backups zu erstellen und ihre Konten abzusichern.

Heute behandelt Trevor Cybersicherheit genauso wie Kundentermine oder Deadlines: als etwas Unverhandelbares. Er wartet nicht, bis etwas kaputtgeht, um es zu reparieren. Er glaubt nicht mehr, zu klein zu sein, um angegriffen zu werden. Und er lässt Bequemlichkeit niemals über Sicherheit stehen.

Denn Trevor weiß jetzt: Cyberhygiene ist keine Option. Sie ist der Grund, warum man im Geschäft bleibt.

Kapitel 8: Krisenmodus — Was Sie tun sollten, wenn Sie gehackt werden

Selbst mit den besten Schutzmaßnahmen können Cyberangriffe trotzdem passieren. Geräte werden gestohlen, Passwörter gelangen in falsche Hände, und menschliche Fehler können Sicherheitslücken öffnen. In solchen Momenten entscheiden oft die nächsten 60 Minuten darüber, ob Sie nur eine kleine Störung erleben – oder eine vollständige Geschäftskatastrophe. Dieses Kapitel zeigt Ihnen Schritt für Schritt, was Sie tun sollten, wenn Ihre Konten kompromittiert wurden, Ihre Website manipuliert wurde, Ihre Daten verschlüsselt sind oder Kundendaten offengelegt wurden.

Beginnen wir mit der richtigen Denkweise: Keine Panik – handeln Sie schnell und systematisch. Ein klarer Plan hilft Ihnen dabei, Schäden zu minimieren, die Kontrolle zurückzugewinnen und das Vertrauen Ihrer Kunden wiederherzustellen. Hier ist ein Krisenreaktionsplan, den jeder Unternehmer und Freelancer vorbereitet haben sollte.

Schritt 1: Den Angriff identifizieren

Sammeln Sie zunächst Hinweise:

Wurden Sie aus einem Konto ausgesperrt?

Ist Ihre Website offline oder leitet Besucher um?

Haben Sie unautorisierte Transaktionen oder Nachrichten bemerkt, die von Ihrer E-Mail-Adresse verschickt wurden?

Hat Ihre Antivirus-Software eine Datei oder ein Programm erkannt?

Je schneller Sie erkennen, dass etwas nicht stimmt, desto schneller können Sie die Ausbreitung stoppen. Überprüfen Sie alle Geräte, Konten und Plattformen auf Anzeichen von Manipulation. Ignorieren Sie keine kleinen Warnsignale – unerwartete Logouts, Passwort-Zurücksetzungen oder unbekannte Login-Benachrichtigungen können Hinweise auf einen größeren Angriff sein.

Schritt 2: Verbindung trennen und Schaden begrenzen

Wenn Sie Malware oder Ransomware vermuten:

Trennen Sie sofort die Internetverbindung.

Schalten Sie betroffene Geräte aus oder isolieren Sie sie.

Entfernen Sie USB-Sticks, externe Festplatten und Backups, damit diese nicht ebenfalls infiziert werden.

Wenn es sich um einen kontobasierten Angriff handelt, beispielsweise auf E-Mail oder Cloud-Dienste:

Loggen Sie sich ein, wenn möglich, und ändern Sie sofort Ihr Passwort.

Melden Sie alle aktiven Sitzungen auf allen Geräten ab.

Entziehen Sie unbekannten Drittanbieter-Apps und Integrationen den Zugriff.

Versuchen Sie nicht, Probleme zu beheben, solange das System noch verbunden ist. Stoppen Sie zuerst die Bedrohung.

Schritt 3: Alle verbundenen Passwörter ändern

Gehen Sie davon aus, dass jedes Konto, das mit dem kompromittierten System verbunden ist, gefährdet sein könnte. Verwenden Sie Ihren Passwort-Manager, um:

Die Passwörter aller wichtigen Konten zu ändern – E-Mail, Bankkonten, Cloud-Speicher und soziale Netzwerke.

Starke und einzigartige neue Passwörter zu generieren.

Zwei-Faktor-Authentifizierung überall zu aktivieren, wo sie bisher fehlte.

Seien Sie gründlich. Hacker bewegen sich oft von einem kompromittierten Konto zu weiteren Plattformen weiter – ein Vorgang, der als „laterale Bewegung" bezeichnet wird.

Schritt 4: Geräte scannen und Backups wiederherstellen

Führen Sie einen vollständigen Scan mit Antivirus- und Anti-Malware-Programmen auf allen betroffenen Geräten durch. Nutzen Sie vertrauenswürdige Tools wie Malwarebytes, Bitdefender oder Windows Defender, um Bedrohungen zu erkennen und zu isolieren.

Sobald die Systeme bereinigt sind:

Stellen Sie saubere Dateiversionen aus Offline- oder Cloud-Backups wieder her.

Verwenden Sie keine Dateien aus möglicherweise kompromittierten Systemen.

Wenn Ihre Website infiziert wurde, arbeiten Sie mit Ihrem Hosting-Anbieter oder Sicherheitsdiensten wie Sucuri oder Wordfence zusammen, um Schwachstellen zu scannen, zu bereinigen und zu schließen.

Nehmen Sie den Geschäftsbetrieb erst wieder auf, wenn alle Systeme nachweislich sicher sind.

Schritt 5: Betroffene Kunden und Partner informieren

Wenn Kundendaten betroffen waren, müssen Sie transparent sein. Senden Sie eine klare und professionelle Nachricht:

Bestätigen Sie den Vorfall.

Erklären Sie, welche Daten betroffen waren, soweit bekannt.

Beschreiben Sie die Maßnahmen, die Sie bereits ergriffen haben.

Bieten Sie Antworten auf Fragen und weitere Updates an.

Sie müssen nicht jedes technische Detail offenlegen – aber Ehrlichkeit und schnelle Kommunikation sind entscheidend. Selbst wenn keine direkten Kundendaten betroffen waren, verdienen Ihre Kunden Transparenz darüber, was passiert ist und wie Sie sie künftig schützen werden.

Schritt 6: Den Vorfall dokumentieren

Erstellen Sie ein Protokoll über alles:

Was passiert ist und wann.

Welche Maßnahmen zur Eindämmung ergriffen wurden.

Welche Konten oder Systeme betroffen waren.

Welche Wiederherstellungsschritte durchgeführt wurden.

Diese Dokumentation hilft Ihnen dabei, Ihren Sicherheitsplan zu verbessern und kann für Versicherungen, rechtliche Anforderungen oder Plattformmeldungen notwendig sein.

Schritt 7: Den Vorfall melden

Je nach Schwere des Angriffs sollten Sie:

Ihren Hosting-Anbieter, Zahlungsdienstleister oder relevante Plattformen informieren.

Ihren Domain-Registrar kontaktieren, wenn Ihre DNS-Einstellungen manipuliert wurden.

Eine Meldung bei Datenschutzbehörden oder der FTC in den USA einreichen.

Bei gestohlenen Geldern oder Identitätsdiebstahl Ihre Bank oder die Polizei informieren.

Diese Dokumentation kann für Versicherungsansprüche, Betrugsschutz oder gesetzliche Verpflichtungen wichtig sein.

Schritt 8: Lernen, absichern und Vertrauen wiederaufbauen

Nachdem die unmittelbare Krise vorbei ist, sollten Sie eine gründliche Analyse durchführen. Was hat den Angriff ermöglicht? War es ein schwaches Passwort? Ein fehlendes Update? Eine Phishing-E-Mail?

Ergreifen Sie anschließend konkrete Maßnahmen:

Verbessern Sie Ihre Cyberhygiene-Routine.

Implementieren Sie stärkere Authentifizierungs- und Überwachungssysteme.

Überprüfen Sie Teamzugriffe und Kundenberechtigungen erneut.

Erstellen Sie einen formellen Notfallplan für zukünftige Vorfälle.

Kommunizieren Sie offen mit Kunden, Abonnenten und Nutzern. Erklären Sie, was sich geändert hat, wie ihre Daten nun besser geschützt sind und warum Sie Sicherheit jetzt ernster nehmen als zuvor.

Notfall-Werkzeuge, die Sie griffbereit haben sollten:

Passwort-Manager mit Notfallzugang

Antivirus- und Malware-Scanner

Verschlüsseltes Backup-System in der Cloud und lokal

2FA-App mit sicher gespeicherten Backup-Codes

Vorlage für Kundenbenachrichtigungen

Zugriffsprotokolle oder Audit-Trails

Kontaktinformationen Ihres Hostings und Domain-Registrars

Hier ist Ihre schnelle Checkliste im Falle eines Angriffs:

Erkennen: Hinweise auf einen Angriff überwachen.

Trennen: Die Bedrohung isolieren.

Passwörter ändern: Unbefugte Zugriffe stoppen.

Scannen und bereinigen: Malware entfernen.

Wiederherstellen: Saubere Backups verwenden.

Benachrichtigen: Kunden und Partner transparent informieren.

Melden: Vorfälle an Plattformen oder Behörden weitergeben.

Überprüfen und verbessern: Den nächsten Angriff verhindern.

Gehackt zu werden ist ein Albtraum – aber es muss nicht das Ende Ihres Unternehmens sein. Eine klare und professionelle

Reaktion schafft Glaubwürdigkeit, Widerstandsfähigkeit und eine sicherere Zukunft.

Was Nina tat, nachdem sie gehackt wurde

Nina hatte gerade den erfolgreichsten Monat ihrer Online-Beratung hinter sich. Ihre E-Mail-Liste war um 2.000 Abonnenten gewachsen, ihr neuer Digitalkurs brachte konstante passive Einnahmen, und Kunden hinterließen begeisterte Bewertungen auf ihrer Website. An einem ruhigen Sonntagnachmittag öffnete sie ihren Laptop, um einige Nachrichten zu beantworten. Doch statt ihres gewohnten Dashboards erschien ein blinkender roter Bildschirm mit einer Nachricht, die sie bisher nur aus Horrorgeschichten kannte:

„Ihre Daten wurden verschlüsselt. Zahlen Sie 1.200 Dollar in Bitcoin, um wieder Zugriff zu erhalten. Sie haben 72 Stunden."

Nina erstarrte.

Sie startete ihren Computer neu – dieselbe Nachricht erschien wieder. Sie schloss ihre externe Festplatte an, um auf ein Backup zuzugreifen – nichts. Die Ransomware hatte auch diese infiziert. Ihr Herz raste, als ihr klar wurde, dass sie keine Cloud-Backups, keinen Sicherheitsplan und keine Ahnung hatte, wo sie anfangen sollte. Kundendateien,

Videoaufnahmen, E-Mail-Sequenzen, Rechnungen und Verträge – alles war gesperrt.

In Panik rief sie einen technikaffinen Freund an. „Egal was du tust“, warnte er sie, „zahl das Lösegeld nicht. Es gibt keine Garantie, dass du deine Daten zurückbekommst.“ Stattdessen half er ihr, den wichtigsten ersten Schritt zu machen: die Internetverbindung zu trennen. Dadurch wurde verhindert, dass die Malware weiter kommunizieren oder zusätzliche Dateien infizieren konnte. Anschließend schalteten sie den Computer aus und begannen mit der Wiederherstellung.

In den nächsten 48 Stunden lernte Nina mehr über Cybersicherheit als in den letzten fünf Jahren zusammen. Ihr Freund zeigte ihr jeden Schritt: den Start im abgesicherten Modus, den Einsatz von Malware-Tools, Scans mit verschiedenen Antivirus-Programmen und die Identifikation der Ransomware-Variante. Glücklicherweise verfügte eines der verwendeten Tools über einen Entschlüsselungsschlüssel. Etwa 80 Prozent ihrer Dateien konnten wiederhergestellt werden. Der Rest war endgültig verloren.

Diese Woche war ein Chaos aus Erleichterung, Scham, Schuldgefühlen und Entschlossenheit. Nina verbrachte Stunden damit, betroffene Kunden zu informieren. Sie erklärte die Situation ehrlich, beschrieb ihre Sicherheitsmaßnahmen und bot Entschädigungen für verlorene Dateien an. Die meisten reagierten verständnisvoll. Einer sagte sogar: „Ich schätze Ihre Ehrlichkeit. Das hätte jedem von uns passieren können."

Doch tief im Inneren wusste Nina, dass es gar nicht hätte passieren dürfen.

In den folgenden Tagen baute sie ihre Systeme komplett neu auf. Sie richtete einen neuen digitalen Arbeitsplatz ein, löschte infizierte Laufwerke und installierte professionelle Antivirus-Software. Sie verlagerte alle aktiven Dateien in verschlüsselten Cloud-Speicher und begann tägliche Cloud- sowie wöchentliche lokale Backups zu erstellen. Sie nutzte einen Passwort-Manager, aktivierte Zwei-Faktor-Authentifizierung auf jeder Plattform und arbeitete in öffentlichen Netzwerken nur noch mit VPN.

Noch wichtiger war jedoch, dass sie ihre gesamte Erfahrung dokumentierte. Sie erstellte einen detaillierten „Krisen-Wiederherstellungsplan" in Google Docs, der genau erklärte, was zu tun ist, wen man kontaktieren muss und wie man auf zukünftige Vorfälle reagiert. Er enthielt Vorlagen für Kunden-E-Mails, eine Liste wichtiger Dienste und sogar eine Checkliste für die ersten 60 Minuten nach einem Angriff.

So schmerzhaft der Angriff auch gewesen war – er veränderte Nina dauerhaft. Sie erkannte, dass die wichtigste Aufgabe in einem digitalen Unternehmen darin besteht, das gesamte Ökosystem zu schützen. Jeder Login, jede Datei und jede Transaktion verdient denselben Schutz wie persönliche Finanzen oder ein physisches Büro. „Ich führte ein sechsstelliges Unternehmen auf Systemen, die nur durch Hoffnung zusammengehalten wurden", sagte sie später. „Nie wieder."

Ihr neuer Sicherheitsansatz wurde Teil ihrer Marke. In einer ihrer wöchentlichen E-Mails erzählte sie ausführlich von dem Angriff – wie er passiert war, wie sie ihn gelöst hatte und welche Lehren sie daraus zog. Es wurde eine ihrer meistbeantworteten Nachrichten überhaupt. Menschen bedankten sich für ihre Ehrlichkeit. Andere gaben zu, dass sie keine Backups hatten oder ihre Passwörter nie änderten. Einige engagierten sie sogar, um ihre eigenen Systeme zu überprüfen.

Heute beginnt Nina jede neue Kundenbeziehung mit einem Sicherheitscheck. Sie sorgt dafür, dass Verträge sicher unterschrieben werden, Dateifreigaben geschützt sind und sensible Daten nur über verschlüsselte Kanäle ausgetauscht werden. Sie ermutigt auch ihre Kunden, sich selbst zu schützen – nicht aus Angst, sondern aus Respekt vor ihrer eigenen Arbeit.

Ihr Unternehmen ist sicherer. Ihre Kunden fühlen sich sicherer. Und Nina ebenfalls.

Die Wahrheit ist: Gehackt zu werden ist nicht immer das Ergebnis von Nachlässigkeit. Manchmal ist es einfach Pech. Doch die Wiederherstellung erfordert Klarheit, schnelles Handeln und Ehrlichkeit. Ninas Geschichte zeigt, dass Ihre Reaktion genauso wichtig ist wie Ihre Vorbereitung.

Sie hat nicht nur ihre Dateien zurückbekommen – sie hat auch ihr Selbstvertrauen zurückgewonnen. Und heute hilft sie anderen dabei, dasselbe zu tun.

Kapitel 9: Werkzeuge und Ressourcen für dauerhaften Schutz

Cybersicherheit bedeutet nicht nur, auf Probleme zu reagieren – sondern Systeme aufzubauen, die Schutz automatisch und dauerhaft machen. Als vielbeschäftigter Unternehmer oder Freelancer haben Sie keine Zeit, jede neue Bedrohung ständig zu überwachen oder jede technische Warnung zu lesen. Was Sie brauchen, ist ein zuverlässiges Sicherheits-Toolkit – eine sorgfältig ausgewählte Kombination aus Software, Diensten und Strategien, die Ihr Unternehmen schützt, während Sie arbeiten.

Dieses Kapitel stellt wichtige Werkzeuge und Ressourcen vor, die Ihre digitalen Abläufe sicher halten. Betrachten Sie es als Ihr persönliches Sicherheits-Kontrollzentrum – bereit, mit Ihrem Unternehmen zu wachsen und sich an neue Bedrohungen anzupassen.

Passwort-Manager

Im Mittelpunkt jedes sicheren Systems steht ein gutes Passwort-Management. Einzigartige und komplexe Passwörter für jedes Konto sind heute unverzichtbar – und sie im Kopf oder im Browser zu speichern, ist riskant. Nutzen Sie stattdessen einen Passwort-Manager, um sichere Passwörter zu generieren, zu speichern und automatisch einzufügen.

Empfohlene Tools:

1Password – Ideal für Einzelpersonen und kleine Teams mit benutzerfreundlicher Oberfläche.

Bitwarden – Open Source, hochsicher und mit großzügigem kostenlosen Tarif.

Dashlane – Bietet Passwort-Gesundheitsberichte und Überwachung des Dark Webs.

Achten Sie auf Funktionen wie 2FA-Integration, verschlüsselten Speicher, Passwortfreigabe und Synchronisierung über mehrere Geräte hinweg. Legen Sie Erinnerungen fest, um wichtige Passwörter regelmäßig zu aktualisieren.

Apps für Zwei-Faktor-Authentifizierung (2FA)

Selbst das beste Passwort kann kompromittiert werden. Zwei-Faktor-Authentifizierung bietet eine zusätzliche Schutzschicht durch zeitbasierte Codes, die auf einem separaten Gerät generiert werden.

Empfohlene Apps:

Authy – Verschlüsselte Backups und Unterstützung mehrerer Geräte.

Google Authenticator – Einfach und weit verbreitet.

Microsoft Authenticator – Ideal für Nutzer des Microsoft-Ökosystems.

Vermeiden Sie möglichst SMS-basierte 2FA, da diese anfällig für SIM-Swapping-Angriffe ist. Verwenden Sie stattdessen App-basierte Methoden.

Antivirus- und Anti-Malware-Schutz

Ganz gleich, ob Sie Mac, Windows oder Linux verwenden – starker Malware-Schutz ist unverzichtbar. Diese Programme erkennen Bedrohungen, blockieren infizierte Downloads und scannen Dateien sowie Geräte in Echtzeit.

Empfohlene Tools:

Malwarebytes – Benutzerfreundlich und hervorragend bei der Erkennung von Spyware und Ransomware.

Bitdefender – Leichtgewichtig und auf allen Geräten hoch bewertet.

Windows Defender – In Windows 10 und 11 integriert und sehr effektiv bei guter Cyberhygiene.

Lassen Sie Echtzeit-Scans aktiviert und führen Sie wöchentliche Systemprüfungen durch. Aktivieren Sie E-Mail-Benachrichtigungen bei Bedrohungen.

Sicherer Cloud-Speicher

Speichern und sichern Sie sensible Dateien in verschlüsselten Cloud-Systemen, die rollenbasierte Freigaben, Versionsverläufe und Zero-Knowledge-Verschlüsselung unterstützen.

Empfohlene Dienste:

Google Workspace – Business-Funktionen, Dateiversionen und Zugriffsverwaltung.

Proton Drive – Ende-zu-Ende-verschlüsselter Cloud-Speicher.

Dropbox Business – Audit-Protokolle, Dateisperren und sichere Team-Zusammenarbeit.

Organisieren Sie Dateien nach Sensibilität, verwenden Sie verschlüsselte Ordner für private Daten und entziehen Sie Freigabelinks regelmäßig.

Virtuelle Private Netzwerke (VPNs)

VPNs verschlüsseln Ihre Internetverbindung, schützen Ihre Aktivitäten in öffentlichen WLAN-Netzen und verbergen Ihre IP-Adresse. Sie sind essenziell, wenn Sie reisen, remote arbeiten oder häufig außerhalb Ihres Büros online gehen.

Empfohlene VPNs:

NordVPN – Schnell, sicher und benutzerfreundlich.

ExpressVPN – Starker Datenschutz und weltweit zuverlässig.

ProtonVPN – Kostenloser Tarif verfügbar, Sitz in der datenschutzfreundlichen Schweiz.

Vermeiden Sie kostenlose, werbefinanzierte VPNs – viele verkaufen Nutzerdaten oder bieten keine echte Verschlüsselung.

Backup-Systeme

Sie sollten immer mindestens zwei Backups besitzen: eines in der Cloud und eines lokal.

Empfohlene Lösungen:

Backblaze – Kontinuierliche Cloud-Backups zu günstigen Preisen.

iDrive – Kombination aus Dateisynchronisierung, Cloud-Backup und Festplattenabbildern.

Time Machine (Mac) / Dateiversionsverlauf (Windows) – Lokale Systeme zur Wiederherstellung kompletter Gerätezustände.

Testen Sie Ihre Backups monatlich, um sicherzustellen, dass sie tatsächlich funktionieren und wiederherstellbar sind.

Website-Sicherheitstools

Wenn Sie eine Website oder einen Online-Shop betreiben, sollten Sie Sicherheits-Plugins, Überwachungsdienste und Firewalls nutzen.

Empfohlene Tools:

Wordfence für WordPress – Firewall, Malware-Scans und Login-Schutz.

Sucuri – Website-Überwachung, Bereinigung und erweiterten Schutz.

Cloudflare – Kostenloser DDoS-Schutz und Leistungsoptimierung.

Aktivieren Sie Warnungen bei verdächtigen Aktivitäten, begrenzen Sie Login-Versuche und führen Sie regelmäßige Malware-Scans durch.

E-Mail- und Phishing-Schutz

Ihre E-Mail-Adresse ist Ihre digitale Identität. Schützen Sie sie mit Spam-Filtern, Warnungen bei verdächtigen Logins und sicheren Zugriffsmethoden.

Aktivieren Sie:

SPF-, DKIM- und DMARC-Einträge für Ihre Domain.

Verschlüsselte E-Mail-Dienste wie ProtonMail oder Zoho Mail.

E-Mail-Scanner wie Mimecast oder Barracuda für größere Teams.

Überprüfen Sie regelmäßig Login-Historien und verbundene Apps.

Bedrohungsüberwachung und Warnsysteme

Behalten Sie Ihre digitale Gefährdung im Blick, indem Sie Dark-Web-Scans und Überwachungsdienste für Datenlecks verwenden.

Empfohlene Tools:

Have I Been Pwned – Prüft, ob Ihre E-Mail oder Passwörter kompromittiert wurden.

DeHashed – Erweiterte Suche nach geleakten Zugangsdaten.

Firefox Monitor – Automatische Warnungen bei Sicherheitsverletzungen.

Abonnieren Sie diese Dienste für Echtzeitwarnungen und reagieren Sie schnell auf kompromittierte Daten.

Fortlaufendes Lernen und aktuelle Informationen

Cybersicherheit entwickelt sich ständig weiter. Informiert zu bleiben hilft Ihnen, neue Bedrohungen frühzeitig zu erkennen.

Empfohlene Quellen:

The Hacker News

CyberScoop

Krebs on Security

Smashing Security Podcast

Google Alerts für Begriffe wie „Freelancer-Datenleck“ oder „Cloud-Sicherheit“

Nehmen Sie sich jede Woche 15 Minuten Zeit, um relevante Artikel zu lesen oder einen Podcast zu hören.

Abschließende Tipps für nachhaltigen Schutz

Halten Sie Ihre Sicherheitswerkzeuge einfach und konsistent. Wählen Sie einen Passwort-Manager, ein Antivirus-Programm und eine Backup-Methode und bleiben Sie dabei.

Automatisieren Sie so viel wie möglich. Geplante Scans, automatische Backups und Update-Erinnerungen reduzieren menschliche Fehler.

Führen Sie vierteljährliche Überprüfungen durch. Kontrollieren Sie alle drei Monate Ihre Systeme, Berechtigungen und Software.

Sie benötigen kein riesiges Cybersicherheitsbudget, um geschützt zu sein. Mit den richtigen Werkzeugen und einigen intelligenten Routinen können Sie Ihr Online-Unternehmen vor den meisten häufigen Bedrohungen schützen – und sich wieder auf das konzentrieren, was Sie am besten können.

Jordans Freelancer-Geschichte

Jordan war ein freiberuflicher UX-Designer, der stolz auf seine Effizienz war. Er führte sein Unternehmen von einem einzigen Laptop aus, nutzte einige Design-Apps und speicherte alles ordentlich organisiert in Google Drive. Kunden liebten seine sauberen Ergebnisse und seinen reibungslosen Ablauf. Doch hinter dieser professionellen Oberfläche gab es eine Schwäche: Jordan hatte kein echtes Cybersicherheitssystem.

Jahrelang hatte er sich auf sein Gedächtnis und Glück verlassen. Seine Passwörter waren in Chrome gespeichert, die meisten Konten hatten keine Zwei-Faktor-Authentifizierung, und sein einziges „Backup" war ein Dropbox-Ordner, der mit seinem Laptop synchronisiert wurde. Er sagte sich immer wieder, dass er keine zusätzlichen Sicherheitswerkzeuge brauche – schließlich war er kein Technologieunternehmen und hatte bisher keine Probleme gehabt.

Bis er eines Tages doch Probleme bekam.

Es begann harmlos. Ein neuer Designkunde schrieb ihm: „Hey, hast du mich gerade über ein Google-Formular nach meinen Login-Daten gefragt?" Verwirrt überprüfte Jordan seinen Posteingang. Nichts. Doch dann meldeten sich weitere Kunden mit derselben Frage. Panik stieg in ihm auf. Er kontrollierte seine gesendeten Nachrichten und stellte fest, dass jemand Zugriff auf sein E-Mail-Konto erhalten hatte, ein gefälschtes Formular erstellt und es an seine Kunden verschickt hatte.

Es war ein Betrug – und er kam direkt von seinem Konto.

Der Angreifer hatte vermutlich ein geleaktes Passwort aus einem alten Konto verwendet. Da Jordan Passwörter mehrfach nutzte, konnte der Hacker sich in Gmail einloggen, ein schädliches Formular erstellen und es mit Jordans echtem Namen verschicken. Für seine Kunden sah es so aus, als wäre Jordan selbst der Betrüger.

Die nächsten 24 Stunden verbrachte er damit, den Schaden zu begrenzen. Er änderte Passwörter, aktivierte Zwei-Faktor-Authentifizierung, verschickte Entschuldigungen und Warnungen an seine Kunden und löschte das Formular. Die meisten reagierten verständnisvoll. Doch ein neuer Kunde zog sich zurück – er fühlte sich nicht mehr sicher.

Das war der Weckruf, den Jordan brauchte.

Er verbrachte den Rest der Woche damit, Cybersicherheitstools zu recherchieren. Zuerst entfernte er die Passwortspeicherung von Chrome und installierte Bitwarden. Innerhalb einer Stunde hatte er starke, einzigartige Passwörter für alle Konten erstellt und sicher gespeichert. Er installierte Authy auf seinem Smartphone und aktivierte Zwei-Faktor-Authentifizierung für Gmail, Stripe, Trello und jede andere Plattform, die er nutzte.

Seine veraltete Antivirus-Software ersetzte er durch Malwarebytes und richtete tägliche Scans ein. Dann erkannte er, dass seine Dropbox-Dateien gar keine echten Backups waren – sie wurden lediglich gespiegelt. Wenn etwas auf seinem Gerät gelöscht oder beschädigt wurde, passierte dasselbe in der Cloud. Deshalb meldete er sich bei Backblaze an und begann automatische Komplett-Backups inklusive Versionsverlauf zu erstellen.

Jordan bemerkte außerdem, wie viele Browser-Erweiterungen er installiert hatte, ohne darüber nachzudenken. Einige waren veraltet, andere stammten von unbekannten Entwicklern. Er entfernte alles außer den Erweiterungen, die er wirklich brauchte. Zusätzlich installierte er ein VPN und gewöhnte sich daran, es immer zu aktivieren, wenn er außerhalb seines Homeoffice arbeitete. Er brachte sogar einen Sichtschutzfilter auf seinem Laptop an – etwas, das er nie für nötig gehalten hatte, bis er bemerkte, wie jemand in einem Café auf seinen Bildschirm schaute.

Mit der Zeit wurden diese Werkzeuge zur Gewohnheit. Jordan entwickelte eine monatliche Sicherheitsroutine: Software aktualisieren, wichtige Passwörter rotieren, Login-Historien prüfen und Backups testen. Er verließ sich nicht länger auf Hoffnung – er hatte ein System.

Er dokumentierte sogar seine gesamte Sicherheitsstruktur. In einer privaten Notion-Seite listete er seine Cybersicherheits-Tools, Backup-Zeitpläne, 2FA-Wiederherstellungscodes und wichtige Links auf. Wenn jemals etwas mit seinem Gerät passieren oder er ein Teammitglied einarbeiten müsste, war er vorbereitet.

Zu seiner Überraschung bemerkten auch seine Kunden die Veränderungen. Einer lobte die sicheren Dateifreigabe-Links, die er nun verwendete. Ein anderer schätzte die verschlüsselten und digital signierten Verträge. Ein Kunde sagte sogar: „Sie sind der erste Freelancer, mit dem ich gearbeitet habe, der digitale Sicherheit wirklich ernst nimmt. Das macht einen Unterschied.“

Jordan blieb nicht bei sich selbst stehen. Er begann, andere Designer zu betreuen und ihnen zu zeigen, wie man ein einfaches Cybersicherheits-Toolkit aufbaut. „Man muss kein Technikgenie sein“, sagte er ihnen. „Man muss nur seine Kunden, seine Daten und seine Zeit respektieren.“

Der Angriff war schmerzhaft gewesen – aber er wurde zum Auslöser für echtes Wachstum. Jordan führte nun ein schlankes und sicheres Unternehmen. Er fühlte sich nicht mehr nervös, wenn er seinen Posteingang öffnete. Er wusste, dass die richtigen Schutzmaßnahmen vorhanden waren. Vor allem aber fühlte er sich auf eine neue Weise professionell – nicht nur durch seine Designs, sondern auch durch die Art, wie er hinter den Kulissen arbeitete.

Denn in der heutigen digitalen Welt zählt nicht nur, was Sie liefern – sondern auch, wie Sie das Vertrauen schützen, das damit verbunden ist.

Kapitel 10: Cybersicherheit als Wettbewerbsvorteil

In den meisten Branchen wird Cybersicherheit als reine Schutzmaßnahme betrachtet – etwas, das man einsetzt, um Verluste zu vermeiden. Doch in der Welt von Freelancern, Beratern und digitalen Unternehmern kann Cybersicherheit tatsächlich zu einem Wettbewerbsvorteil werden. Kunden engagieren Sie nicht nur wegen Ihres Talents – sie vertrauen Ihnen sensible Informationen, Geschäftsstrategien, geistiges Eigentum und manchmal sogar den Zugriff auf ihre Systeme an. Wenn Sie zeigen, dass Sie Cybersicherheit ernst nehmen, können Sie sich von Mitbewerbern abheben, langfristiges Vertrauen aufbauen und Zugang zu hochwertigeren Projekten erhalten.

Beginnen wir mit der Psychologie des Vertrauens. Wenn ein Kunde sich entscheidet, mit Ihnen zusammenzuarbeiten, kauft er nicht einfach nur eine Dienstleistung – er geht eine Beziehung ein. Diese Beziehung basiert auf der Annahme, dass seine Daten, seine Identität und seine Kommunikation bei Ihnen sicher sind. Jedes Mal, wenn Sie ein Dokument versenden, Zugangsdaten anfordern oder einen Link teilen, stärken oder schwächen Sie dieses Vertrauen.

Indem Sie sichtbare Sicherheitsmaßnahmen einsetzen – wie passwortgeschützte Links, verschlüsselte Verträge oder sichere Messenger – senden Sie ein klares Signal: „Ihre Informationen sind mir genauso wichtig wie meine eigenen." Das ist besonders wirkungsvoll in Branchen, in denen Datenschutz eine große Rolle spielt, beispielsweise im Coaching, Consulting, digitalen Marketing, Recht, Immobilien, Finanzwesen oder Gesundheitsbereich.

Kunden bemerken die kleinen Details. Wenn Sie Dateien über Google Drive mit spezifischen Berechtigungen teilen, statt „Jeder mit dem Link", oder Plattformen wie DocuSign oder PandaDoc mit Zugriffskontrollen verwenden, zeigt das ein Maß an Professionalität, das viele andere ignorieren. Selbst kleine Maßnahmen – etwa Kunden zu bitten, Passwörter nicht per E-Mail zu versenden, oder proaktiv zu erklären, wie Sie ihre Daten speichern – positionieren Sie als jemanden, der seine Verantwortung ernst nimmt.

Freelancer und Unternehmer, die Sicherheit aktiv kommunizieren, erhalten oft bessere Empfehlungen und mehr wiederkehrende Kunden. Warum? Weil Menschen sich sicher fühlen wollen. Sie möchten wissen, dass ihre Arbeit nicht durch die Nachlässigkeit eines Dienstleisters verloren geht, gestohlen oder offengelegt wird. Das gilt besonders für

Kunden aus Unternehmen oder regulierten Branchen. Immer häufiger enthalten Onboarding-Formulare Fragen zur digitalen Sicherheit. Wenn Sie sagen können: „Ja, ich verwende Zwei-Faktor-Authentifizierung und verschlüsselte Backups“, kann das den Unterschied zwischen einem gewonnenen oder verlorenen Auftrag ausmachen.

Cybersicherheit kann außerdem ein starkes Verkaufs- und Positionierungsinstrument sein. Wenn Sie Angebote schreiben oder neue Kunden einarbeiten, fügen Sie einen Abschnitt wie „Datenschutz & Datensicherheit“ hinzu. Beschreiben Sie kurz Ihre Sicherheitsmaßnahmen: wie Sie Dateien speichern, Passwörter verwalten und welche Protokolle im Falle eines Sicherheitsvorfalls bestehen. Sie müssen kein technisches Handbuch schreiben – ein kurzer Absatz, der Bewusstsein und Vorbereitung zeigt, reicht völlig aus.

Beispiel:

„Alle Kundendaten werden sicher in verschlüsseltem Cloud-Speicher mit rollenbasierten Zugriffsrechten gespeichert. Passwörter werden über einen sicheren Passwort-Tresor verwaltet, und Zwei-Faktor-Authentifizierung ist auf allen Projektplattformen aktiviert. Dateizugriffe sind zeitlich begrenzt und werden nach Projektabschluss entfernt.“

Sie können außerdem einen Link zu einer kurzen „Datenschutz- und Sicherheitsrichtlinie" auf Ihrer Website oder in Ihren Angebotsunterlagen einfügen. Diese kleine Ergänzung schafft sofort Glaubwürdigkeit und kann sogar höhere Preise rechtfertigen. Denn Kunden bezahlen nicht nur für Ihre Arbeit – sie bezahlen auch für Sicherheit und Vertrauen.

Sprechen wir nun über Compliance-Bereitschaft. Selbst wenn Sie gesetzlich nicht verpflichtet sind, Vorschriften wie DSGVO, HIPAA oder CCPA einzuhalten, zeigt die Orientierung an diesen Standards Professionalität und Weitblick. Sie beweisen damit, dass Sie wie ein Profi denken. Zum Beispiel durch:

Die Nutzung DSGVO-konformer Tools.

Das Speichern nur wirklich notwendiger Daten.

Eine klare Richtlinie zur Datenlöschung.

Transparente Informationen darüber, wie Kundendaten verwendet werden.

All diese Faktoren stärken Ihr Vertrauensprofil.

In Gruppen-Coachings, Online-Kursen oder Mitgliederbereichen kann Sicherheit außerdem eine Strategie zur Kundenbindung sein. Menschen bleiben gerne in

Umgebungen, die gut organisiert und sicher wirken. Durch geschützte Mitgliederbereiche, moderierte Dateifreigaben und sichere Login-Systeme schaffen Sie eine Atmosphäre, die professionell und hochwertig wirkt.

Auch die öffentliche Wahrnehmung spielt eine Rolle. Da Cyberkriminalität ständig in den Nachrichten präsent ist, achten Menschen heute stärker auf Sicherheit als je zuvor. Wenn sie sehen, dass Ihr Unternehmen organisiert, geschützt und transparent arbeitet, werden sie Ihnen eher größere und wichtigere Projekte anvertrauen.

Hier sind einige Möglichkeiten, wie Sie Cybersicherheit in einen Geschäftsvorteil verwandeln können:

Fügen Sie einen Sicherheitsabschnitt in Ihre Angebote ein. Beschreiben Sie kurz Ihre Schutzmaßnahmen.

Branding Ihrer Sicherheitspraktiken. Erstellen Sie ein eigenes „Kundenvertrauensversprechen“ oder eine „Datenschutz-Garantie“.

Zeigen Sie Sicherheits-Tools auf Ihrer Website. Nutzen Sie Logos von Diensten wie LastPass, Sucuri oder ProtonMail.

Verwenden Sie gebrandete sichere Dateifreigaben. Teilen Sie Dateien über Ihre eigene Domain oder geschützte Ordner mit Zugriffsprotokollen.

Sprechen Sie Sicherheit im Onboarding an. Formulieren Sie es als Mehrwert: „So schützen wir Ihre Daten."

Nutzen Sie Sicherheit in Testimonials und Fallstudien. Bitten Sie Kunden, die Professionalität und Sicherheit Ihres Prozesses zu erwähnen.

Bieten Sie Sicherheitsprüfungen als Bonus an. Helfen Sie Kunden, ihre eigenen Systeme zu verbessern.

Verlangen Sie höhere Preise für Zuverlässigkeit. Positionieren Sie Ihre Professionalität – inklusive Sicherheit – als Grund für Premium-Honorare.

Sicherheit ist nicht langweilig – sie ist Teil Ihrer Marke. In einem Markt voller Freelancer und kleiner Unternehmen sind Professionalität, Zuverlässigkeit und Vertrauen Ihre wertvollsten Eigenschaften. Gut umgesetzte und klar kommunizierte Cybersicherheit stärkt genau diese drei Bereiche.

Shaylas Geschichte

Shayla war Markenberaterin und arbeitete mit luxuriösen Wellness-Unternehmen und Premium-Dienstleistern zusammen. Ihre Arbeit ging weit über Logos und Schriftarten hinaus – sie half ihren Kunden dabei, Botschaften zu entwickeln, Produkte zu launchen und sich im Premiumsegment zu positionieren. Fast alle Kunden kamen über Empfehlungen, und viele legten großen Wert auf Diskretion. Einige arbeiteten an stillen Markteinführungen, andere an großen Rebrandings oder schützten geistiges Eigentum vor dem Marktstart.

Shayla verstand Markenwirkung. Sie verstand Premium-Service. Doch lange Zeit verstand sie nicht, wie sehr Cybersicherheit ihre Marke stärken konnte.

Das änderte sich während eines Kundengesprächs.

Eine neue Kundin – ein Executive Coach, der eine private Mitgliederplattform für Frauen in Führungspositionen aufbauen wollte – stellte eine unerwartete Frage: „Wie speichern Sie die Strategiedokumente und Launch-Pläne, an denen wir arbeiten werden? Sind diese Dateien verschlüsselt?"

Shayla stockte.

So etwas hatte sie noch nie jemand gefragt. Normalerweise nutzte sie Google Drive mit offenen Links, verschickte PDFs per E-Mail und speicherte Notizen in Notion. Sie verwendete zwar Zwei-Faktor-Authentifizierung, hatte aber nie darüber nachgedacht, ihre Datenspeicherung zu strukturieren oder eine Datenschutzrichtlinie zu entwickeln.

„Ich erkläre Ihnen meinen Prozess", antwortete Shayla ruhig – und verbrachte anschließend den ganzen Abend damit, genau diesen Prozess neu aufzubauen.

Sie erkannte, dass ihre Kunden nicht einfach nur in Design investierten – sondern ihr Strategien im Wert von Zehntausenden oder sogar Hunderttausenden Dollar anvertrauten. Produktnamen, Copywriting-Entwürfe, Investorenpräsentationen und Preisstrukturen lagen in schlecht organisierten Ordnern mit allgemeinen Zugriffsrechten. Wenn nur eine E-Mail gehackt oder ein Link weitergegeben würde, wäre dieses Vertrauen sofort zerstört.

In der folgenden Woche transformierte sie ihr gesamtes Backend-System. Sie wechselte zu Proton Drive für verschlüsselte Dateispeicherung und teilte Dateien nur noch mit E-Mail-spezifischen Berechtigungen und Ablaufdaten. Für Verträge nutzte sie PandaDoc, alle Markenrichtlinien und Strategiepapiere wurden passwortgeschützt, und sie entwickelte eine offizielle „Kunden-Datenschutz- und

Sicherheitsrichtlinie", die sie jedem Onboarding-Paket beifügte.

Doch Shayla stoppte nicht bei besseren Systemen – sie begann, diese sichtbar zu machen.

Auf ihrer Website fügte sie einen Abschnitt hinzu mit dem Titel: „Ihr Vertrauen ist hier geschützt." Dort erklärte sie in einfacher Sprache, wie Kundendaten geschützt werden. Während des Onboardings führte sie Kunden aktiv durch ihre Sicherheitsprozesse. Statt zu sagen: „Ich schicke Ihnen den Link per E-Mail", sagte sie nun: „Ich sende Ihnen einen privaten, verschlüsselten Download mit sieben Tagen Zugriff – niemand außer Ihnen wird ihn sehen."

Die Kunden bemerkten den Unterschied. Einige sagten, sie hätten noch nie mit einem Dienstleister gearbeitet, der ihre Daten so respektvoll behandelt. Eine Kundin empfahl Shayla speziell wegen ihres „professionellen und sicheren Prozesses" weiter. Eine andere meinte: „Das ist nicht einfach nur Design – das ist ein Luxus-Erlebnis."

Und genau in diesem Moment verstand Shayla etwas Entscheidendes.

Sicherheit war nicht länger nur etwas, das im Hintergrund passierte. Sie war Teil ihrer Marke geworden. Teil dessen, was ihre Dienstleistungen hochwertig machte. Während andere Freelancer über Preise oder Geschwindigkeit konkurrierten, konkurrierte Shayla über Vertrauen. Kunden vertrauten ihr nicht nur, Ergebnisse zu liefern – sondern auch das zu schützen, was ihnen am wichtigsten war.

Sie entwickelte sogar ein herunterladbares PDF mit dem Titel „Die Checkliste für digitales Vertrauen", das jeder neue Kunde erhielt. Darin erklärte sie grundlegende Sicherheitstipps wie die Nutzung von Zwei-Faktor-Authentifizierung, das Erkennen von Phishing-E-Mails und den Schutz kreativer Inhalte vor dem Launch. Diese kleine Checkliste wurde zu einem starken Markenelement – Kunden teilten sie mit ihren Teams und griffen regelmäßig darauf zurück.

Eine Kundin sagte: „Sie haben mir gezeigt, dass Branding und Schutz zusammengehören. Mir war gar nicht bewusst, wie sehr ich das gebraucht habe."

Mit der Zeit erhöhte Shayla ihre Preise. Sie versprach nicht mehr nur Ergebnisse – sondern Diskretion, Sicherheit und innere Ruhe. Und sie untermauerte dieses Versprechen mit echten Systemen, Werkzeugen und Transparenz, die ihren Kunden das Gefühl gaben, in Expertenhänden zu sein.

Heute betreut Shayla andere kreative Unternehmer und zeigt ihnen, wie sie mehr Professionalität in ihre Prozesse bringen können. Sie erklärt ihnen, dass Cybersicherheit keine reine Technikfrage ist – sondern eine Vertrauensfrage. In einer Welt voller Hacks und Datenlecks ist die sichere Option gleichzeitig die kluge Option.

Ihre wichtigste Lektion lautet:

„Ihre Marke besteht aus allem, was der Kunde erlebt – selbst hinter den Kulissen. Wenn Sie Menschen das Gefühl geben können, sicher zu sein, bleiben sie bei Ihnen. Denn Sicherheit ist selten. Und Seltenheit ist wertvoll."

Epilog

Früher wirkte Cybersicherheit wie etwas, das nur großen Unternehmen, Technologie-Start-ups oder extrem wohlhabenden Menschen vorbehalten war. Man stellte sich Firewalls, komplizierten Code und Räume voller blinkender Server vor. Doch heute, in unserer hypervernetzten Welt, ist Cybersicherheit etwas, das jeder Unternehmer und Freelancer annehmen muss – nicht nur, um Probleme zu verhindern, sondern auch, um seine Professionalität zu steigern, seinen Ruf zu schützen und echtes, langfristiges Vertrauen bei Kunden aufzubauen.

Dieses Buch wurde nicht geschrieben, um Ihnen Angst zu machen. Es wurde geschrieben, um Sie vorzubereiten.

Denn die Wahrheit ist: Die digitale Welt, in der wir heute arbeiten, verlangt mehr als nur Talent oder harte Arbeit. Sie verlangt Verantwortung. Und ein Unternehmen zu führen – egal ob als Einzelunternehmer oder als Leiter eines kleinen Teams – bedeutet auch, Verantwortung dafür zu übernehmen, das zu schützen, was Sie aufgebaut haben. Ihre Projekte, Ihre Dateien, Ihre E-Mails, Ihre Verträge, Ihre Markenwerte und Ihre Kundendaten – all das verdient Schutz. Nicht nur, weil etwas passieren könnte, sondern weil die Kosten des Nichtstuns zu hoch sind, um ignoriert zu werden.

Im Verlauf dieses Buches haben wir die realen Grundlagen digitaler Sicherheit behandelt. Sie haben gelernt, wie man:

Geräte und Konten absichert.

Sensible Kundendaten schützt.

Phishing- und E-Mail-Bedrohungen erkennt.

Websites und Zahlungssysteme absichert.

Sicher mit Kunden und Auftragnehmern zusammenarbeitet.

Tägliche Gewohnheiten der Cyberhygiene entwickelt.

Schnell und selbstbewusst auf Krisen reagiert.

Praktische Tools nutzt, um Sicherheitsmaßnahmen zu automatisieren.

Cybersicherheit in einen starken Wettbewerbsvorteil verwandelt.

Das, was Sie aufgebaut haben, das, woran Sie gerade arbeiten, und das, was Sie in Zukunft erschaffen werden – all das ist es wert, geschützt zu werden. Und jetzt wissen Sie, wie das geht.

Doch hier kommt der letzte und wichtigste Punkt: Cybersicherheit ist nicht länger optional – sie ist Ihr neuer Standard für Professionalität.

Wenn Sie konsequent digitale Sicherheit demonstrieren, schützen Sie sich nicht nur vor Betrug oder Unannehmlichkeiten. Sie signalisieren der Welt, dass Sie ernsthaft, kompetent und vertrauenswürdig sind. Sie heben sich nicht nur durch Ihr Talent hervor, sondern auch durch Ihre Struktur. Sie werden zu der Person, zu der Kunden zurückkehren und die sie weiterempfehlen – nicht weil Sie am günstigsten waren, sondern weil sie sich bei Ihnen sicher gefühlt haben.

Das ist eine seltene Eigenschaft in einer lauten und unsicheren Welt. Und Seltenheit ist wertvoll.

Wenn Sie mitgelesen und auch nur die Hälfte der Inhalte dieses Buches umgesetzt haben, sind Sie bereits weiter als die meisten kleinen Unternehmen. Die meisten Menschen warten, bis etwas kaputtgeht, bevor sie handeln. Aber nicht Sie. Sie haben den proaktiven Weg gewählt – den selbstbestimmten Weg.

Trotzdem ist Cybersicherheit kein Ziel, das man einmal erreicht. Sie ist ein Rhythmus. Die gute Nachricht? Sobald sie

Teil Ihrer Routine wird, fühlt sie sich ganz natürlich an. Sie müssen nicht in Angst leben. Sie leben einfach intelligenter. Klarer. Strukturierter. Stärker. Sie wachen jeden Tag mit dem Wissen auf, dass Ihre Systeme für Sie arbeiten – selbst dann, wenn Sie gerade nicht hinschauen.

Und genau das ist das wahre Geschenk: innere Ruhe.

Sie können sich auf das konzentrieren, was Sie lieben – coachen, gestalten, schreiben, beraten, entwickeln und innovieren – weil Ihre Systeme stabil sind. Ihre Prozesse sind professionell. Ihre Kunden sind geschützt. Ihr Unternehmen ist widerstandsfähig. Sie sind zu der Art von Unternehmer geworden, die nicht nur Exzellenz liefert – sondern sie auch verteidigt.

Und das? Das ist unbezahlbar.

Vielen Dank, dass Sie Buch 8 der Cyber Shield Academy Serie gehört haben. Bleiben Sie wachsam. Bleiben Sie sicher. Und vor allem: Bleiben Sie vertrauenswürdig.

Ihre Zukunft hängt davon ab.

www.ingramcontent.com/pod-product-compliance
Lightning Source LLC
LaVergne TN
LVHW040520210926
848480LV00007BA/1530